지장신앙 · 지장기도법

지장신앙 · 지장기도법

초 판	1쇄 펴낸날	2000년 2월 5일 (23쇄 인쇄)
개정판	4쇄 펴낸날	2021년 6월 18일(전면개정판)

지은이 　김현준
펴낸이 　김연지
펴낸곳 　효림출판사

등록일 　1992년 1월 13일 (제2-1305호)
주　소 　서울시 서초구 반포대로14길 30, 907호 (서초동, 센츄리 I)
전　화 　(02) 582~6612 · 587~6612
팩　스 　(02) 586~9078
이메일 　hyorim@nate.com

값 6,000원

ⓒ 효림출판사, 2016
ISBN　979-11-87508-01-4　03220

잘못 만들어진 책은 바꾸어 드립니다.
이 책은 저작권법에 따라 보호를 받는 저작물이므로 무단전재와 무단복제를 금지합니다.

※표지사진 : 성보문화재연구원 제공 (홍천 수타사 지장탱화)

지장신앙·지장기도법

김현준 지음

효림

서 문

 흔히들 지장보살은 영가천도의 보살이라 생각합니다. 그러나 지장신앙 속에는 영가천도뿐만이 아니라 행복과 깨달음, 성불의 비결까지 간직되어 있습니다.
 하지만 유감스럽게도, 2000년 3월에 제가 쓴 『지장신앙·지장기도법』이 나오기 전까지는, 지장신앙에 대해 불자들이 쉽게 이해할 수 있고 지장기도의 지침이 될 만한 해설서가 한 권도 나오지 않았습니다.
 이를 안타깝게 여긴 저는 불교신행연구원에서 발행하는 월간 『법공양』에 1999년 7월부터 6회에 걸쳐 지장신앙에 대한 글을 연재하였고, 그 글에 대해 불자님들께서 큰 호응을 보여주셨기 때문에 용기를 내어 단행본으로 발간하게 되었습니다.
 그리고 책을 내자 많은 분들이 이 책에서 소개한 지장기도법대로 기도할 수 있는 『지장경』을 간행해 줄 것을 요청하였습니다.

그 요청에 따라 ① 지장경을 처음부터 끝까지 1번 독송, ② '나무지장보살'을 1천 번 염송, ③ 158배의 지장보살예찬문, ④ '지장보살' 1천 번 염송의 4부로 구성된 『지장보살본원경』과 큰 활자본 『지장경』을 찍어 10만부 이상 보급하였고, 지장기도를 통하여 가피를 입었다는 소식은 끊이지가 않았습니다. 이 어찌 환희로운 불사가 아니었겠습니까?

이제 초판 『지장신앙·지장기도법』을 발간한지도 16년이나 되었기에, 전체의 글을 새롭게 다듬음과 동시에 몇 가지 사항을 더 추가하고, 글씨 크기와 판형을 바꾸어 개정판을 내게 되었습니다.

실로 이 사바세계에는 백천만억의 지장보살님의 분신이 계신다고 합니다. 우리도 대원력과 대자비의 지장보살님을 믿고 따르고 기도하고 그분의 마음을 닮아, 영가를 천도하고 주변의 사람들에게 행복과 깨달음을 안겨주고 성불의 길로 인도하는 또 하나의 분신이 되어봅시다. 그렇게 될 때 더 큰 행복이 오고 더 큰 능력이 생겨나고 더 큰 세계가 펼쳐지기 때문입니다.

비록 두껍지는 않지만 이 책 속에는 지장보살님의 본원력과 구원능력, 상황에 따른 생활 속의 지장기도법, 영가천도기도법, 종합적인 지장기도법이 상세히 수록되어 있습니다.

올바른 방법으로 행하는 기도라야 올바른 결실을 가져다 주는 법! 부디 이 책을 참고로 하여 지장보살님의 원력과 자비 속에서 소원을 성취하고 향상의 문을 열어, 행복과 평화와 해탈의 세계로 나아가시기를 깊이 깊이 축원드립니다.

불기 2560년 6월 지장재일에
金 鉉 埈 분향

차례

· 서 문 / 5

제1장 지장보살, 어떠한 분인가?

I. 대원의 본존
· 성불마저 포기한 지장보살 / 18
· 지장이 된 한 소녀의 선행과 발원 / 25
· 지장의 원과 함께하는 불자 / 30

II. 무한자비 파지옥의 지장보살
· 끝없는 용서와 사랑의 보살 / 42
· 명부세계와 지장보살 / 51
· 파지옥破地獄 · 파사바破娑婆 / 59

III. 현세의 행복과 지장보살
· 왜 내원궁에 지장보살이? / 66
· 석가모니불의 부촉과 지장보살의 맹세 / 70
· 지장신앙의 현실적 이익 / 74
· 지장보살을 향한 참회 / 81

제2장　지장기도법

I. 생활 속의 지장기도

- 임신·출산·육아와 지장보살 / 92
- 평온한 삶을 위한 지장기도 / 104
- 소원성취와 고난극복을 위한 지장기도 / 109
- 한 분을 원불로 삼아 한결같이 / 120

II. 영가천도기도법

- 광목녀의 서원 / 126
- 천도를 위한 지장보살의 가르침 / 134
  1) 편안한 임종과 천도 · 134
  2) 49재 기간동안의 행법 · 139
  3) 선망 조상 등의 천도 · 141

III. 종합적인 지장기도

- 어느 비구니 스님의 지장기도 / 148
- 구체적인 기도방법 / 158
  1) 『지장경』을 읽을 때 · 160
  2) '나무지장보살' 1천 번 염송 · 163
  3) 〈지장보살예찬문〉을 외우며 158배 · 166
  4) '지장보살' 염불 1천 번 · 173

제1장

지장보살, 어떠한 분인가

I. 대원의 본존

손 위의 밝은 구슬빛은
삼천대천세계를 포섭하고
수중의 금빛 석장 떨치니
지옥의 문이 열리누나

<small>장상명주광섭대천계</small>
掌上明珠光攝大千界
<small>수중금석진개지옥문</small>
手中金錫振開地獄門

성불마저 포기한 지장보살

　불교의 모든 보살 중, 지장보살은 죽은 다음 지은 죄의 과보로 나쁜 세상에 떨어져 고통을 받고 있는 이들을 구원하고 천도하는 데 있어 가장 큰 능력을 지닌 분으로 손꼽히고 있습니다. 그래서 많은 불자들은 영가천도와 관련시켜 지장보살님을 신봉하는 경우가 많습니다.
　그러나 지장보살의 구원능력은 영가천도의 범위를 넘어서서, 부처가 되지 못한 모든 중생에게 미치고 있습니다. 그 구원의 손길은 한도 끝도 없으며, 궁극적으로는 모든 중생을 부처로 바꾸어 놓을 때까지 계속된다고 합니다. 이와 같은 분이 지장보살님이시기에, 부처님께서는 그분을 '대원본존'이라고 칭하였습니다.

대원본존 지장보살大願本尊地藏菩薩!

　지장보살은 처음 발심한 이래, 오로지 중생제도를 위한 힘을 길렀고, 중생을 해탈시키기 위해 지옥의 불구덩이 속에 뛰어드는 일조차 조금도 주저하지 않았습니다. 그분은 고난 속에 빠진 중생을 구하고 중생을 깨달음의 길로 인도하기 위해 스스로의 성불成佛마저 포기한 대원의 본존이십니다.

　지금까지 그분이 구한 중생은 가히 헤아릴 수가 없고, 말로 다 할 수 없습니다. 그야말로 불가칭不可稱 불가설不可說의 수효라고 합니다.

　그분은 이미 아득한 세월 전에 부처님과 같은 삼매三昧를 증득하고 무생법인無生法印(不生不滅의 진리와 하나가 됨)을 얻어 부처님의 경지를 이루었습니다. 그러나 그분은 '보살'이라는 이름으로 이 사바세계에 남아 오늘도 중생들을 제도하고 계십니다.

❀

　먼 옛날, 서로 이웃한 나라의 두 임금은 정법正法의 벗이 되어 깊은 우정을 나누었지만, 그들 나라 백성들은 여러 가지 악한 일에 깊이 물들어 있었습니다. 이를 측은히 여긴 두 임금은 여러 가지 방편을 베풀어 백성들로 하여금 올바른 길로 나아가게 하였으며, 항상 십선十善을 행하여 모범을 보였습니다.

어느 날 두 임금은 각자의 원願을 발하였습니다.

"하루 빨리 불도를 이루어 이 무리들을 남김없이 제도하리라."

"죄고罪苦에 빠진 이들을 먼저 제도하되, 그들 중 안락을 얻지 못하거나 위없는 깨달음인 무상보리無上菩提를 이루지 못하는 자가 있으면, 나는 결코 성불하지 않으리라."

이 가운데 성불하여 중생을 구하겠다고 한 임금은 오랜 수행 끝에 일체지성취여래一切智成就如來가 되었고, 성불을 원하지 않은 임금은 지장보살이 되었습니다.

§

『지장경』(지장경의 갖춘 이름은 '지장보살본원경'임)에 수록된 이 전생담前生談을 통하여 알 수 있듯이, 지장보살님은 부처가 되어도 이미 오래 전에 되었어야 할 분이십니다.

모든 사람들은 '성불하고 나서'를 강조합니다.

'성불하여 중생을 제도하리!'

그러나 지장보살님은 자신의 성불을 앞세우지 않았습니다. 자신의 성불보다는 중생의 성불을 늘 앞세웠습니다.

"성불하지 못하는 중생이 있으면 나도 성불하지 않겠다."

이것이 지장보살님의 근본 마음입니다.

모든 보살들이 '위로는 깨달음을 구하고 아래로는 중생을 교화한다'는 상구보리上求菩提 하화중생下化衆生을 추구하지만, 지장보살만은 상구보리에 대해 관심을 기울이지 않습니다. 누구보다 빼어난 자비의 힘과 지혜를 갖추었지만, 결코 부처가 되는 데 연연해하지 않습니다. 지장보살님의 관심은 오로지 중생의 해탈에만 있을 뿐입니다.

『지장경』에 있는 또 한편의 전생담을 음미해 봅시다.

❁

아득한 옛날 사자분신구족만행여래께서 이 세상에 계실 때, 한 장자의 아들은 그 부처님을 우러러보며 생각했습니다.

'아! 저 거룩한 모습 속에는 천만 가지 복이 모두 갖

추어져 있구나.'

깊은 감동을 느낀 장자의 아들은 부처님께 여쭈었습니다.

"부처님, 부처님께서는 어떠한 행원行願을 이루셨기에 지금과 같은 훌륭한 모습을 갖추게 되었나이까?"

"이와 같은 몸을 이루고자 하거든, 마땅히 오랜 세월 동안 고통받는 중생들을 구제해야 하느니라."

그 말씀을 듣고 장자의 아들은 맹세하였습니다.

"지금부터 미래의 세상이 다할 때까지 아무리 오랜 겁이 될지라도, 죄업 때문에 고통을 받고 있는 육도의 중생에게 널리 방편을 베풀어, 그들을 모두 해탈하게 한 다음에 저 자신이 불도를 이루겠나이다."

이 이야기에서처럼, 지장보살님의 근본 마음은 중생의 해탈에만 집중되어 있습니다. '한시바삐 성불하여 부처님과 같은 거룩한 모습이나 능력을 갖추겠다'는 것이 아니라, '미래의 세상이 다할 때까지 고통받는 중생을 구제하고 그들을 남김없이 해탈케 한 다음에 부처가 되겠다'는 원을 발하고 있습니다.

이렇듯 중생의 해탈에만 초점을 맞추는 지장보살의

근본 서원誓願에는 그 어떤 보살의 소원도 미치지 못합니다. 그 어떤 부처님의 서원도 이를 능가하지 못합니다.

서원 중의 서원, 가장 근본이 되는 원, 모든 보살과 부처가 존재할 수 있는 근거가 되는 '본원本願'으로 가득 차 있는 분이 지장보살님이십니다.

대승의 보살이 소승의 수행자와 다른 점은 수행을 통하여 더 높은 경지로 향상하는 상구보리上求菩提와 중생을 돌아보며 중생을 교화함을 실천하는 하화중생下化衆生을 동시에 추구하는 데 있습니다. '나'만의 해탈이 아니라 '나'보다 못한 중생을 해탈의 길로 인도하는 것이 대승보살의 의무인 것입니다.

그런데 대승의 보살이라 할지라도 하화중생에만 초점을 맞추어 살아가는 이는 드뭅니다. 대부분이 상구보리를 한 다음 하화중생의 길을 걷겠다고 하거나, 상구보리와 하화중생의 길을 동시에 걷고자 하는 것입니다.

하지만 지장보살님은 상구보리를 통한 성불에는 관심조차 두지 않고 오로지 하화중생의 길만을 걷습니다. 중생의 해탈과 성불! 그것 외에는 바라는 것이 없습니다. 그야말로 자신의 성불을 위한 상구보리의 길

Ⅰ. 대원의 본존 23

을 포기한 분이 지장보살님인 것입니다.

　이렇듯 자신의 성불을 포기하고 하화중생, 중생의 고난 해소와 성불에만 마음을 쏟는 지장보살님을 향하여, 어느 누군들 '대원의 근본 스승[大願本尊]'이라 칭하지 않을 수 있겠습니까?

지장이 된 한 소녀의 선행과 발원

대원본존 지장보살! 하지만 모든 중생의 고난을 없애 주고 성불의 길로 인도하는 이 위대한 지장보살님도 아득한 그 옛날에는 우리와 같은 평범한 존재에 불과했습니다. 미혹되고 고통받는 한 중생일 뿐이었습니다. 그런데 어떻게 엄청난 신력神力과 자비慈悲와 지혜智慧와 변재辯才를 갖춘 대원의 본존으로 탈바꿈한 것일까?

그 시작은 그렇게 거창한 것이 아니었습니다.

❀

아주 오랜 옛날의 일입니다. 각화정자재왕여래覺華定自在王如來께서 이 세상에 계실 때, 한 바라문 집안에 18세의 꽃다운 소녀가 있었습니다. 그녀는 숙세宿世에 깊고 두터운 복을 심어 많은 사람들로부터 공경과 사랑을 함께 받았습니다.

이 소녀의 아버지인 시라선견尸羅善見은 불교에 대한 믿음이 두터워, 삼보三寶를 철저히 공경하고 계율과 선정과 지혜의 삼학三學을 부지런히 닦다가, 수명이 다하여 하늘나라[天上]에 태어난 지가 오래 되었습니다.

그러나 소녀의 어머니 열제리悅帝利 부인은 달랐습니다. 삿되고 방탕한 생활에 빠져 인과因果의 이치를 믿지 않았을 뿐 아니라, 불교에 대한 비방도 서슴치 않았습니다.

어느 날 열제리부인은 술에 취해 쓰러져 잠이 들었다가, 갑자기 혈관이 터지고 전신의 골절이 꼬여드는 고통에 빠져 유언 한마디 남기지 못한 채 죽고 말았습니다. 어머니마저 잃은 슬픔과 외로움이 뼛속 깊이 사무쳐 흐느껴 울던 소녀의 머릿속으로, 불현듯 한 생각이 꿰뚫고 지나갔습니다.

"우리 어머니의 혼령魂靈은 과연 어느 곳에 태어났을까?"

평소 바른 삶과 바른 신앙과는 거리가 먼 분이셨으니, 결코 좋은 세상에는 이르지 못하였으리라는 생각이

들자 소녀는 견딜 수가 없었습니다.

마침내 어머니를 위해 재齋를 올리기로 작정한 소녀는 부모님께서 남긴 모든 재산을 처분하여 꽃과 향, 여러 가지의 의복과 음식과 탕약을 마련하였습니다. 그리고 각화정자재왕여래가 계신 절을 찾아 길을 떠났습니다.

그러나 그날따라 길거리에는 수많은 걸인들이 추위와 굶주림에 떨고 있었으며, 그들 중에는 아픔의 신음소리를 토해내는 자도 있었습니다. 소녀의 맑은 마음에는 그들의 고통이 그대로 비춰졌습니다.

'중생공양衆生供養이 제불공양諸佛供養이라 하셨으니….'

이 아름다운 소녀는 부처님의 가르침을 생각하며 배고픈 사람에게는 음식을 주고, 추위에 떠는 사람에게는 옷을, 병고에 시달리는 자에게는 약을 주었습니다.

그러나 길은 멀고 사람은 많았습니다. 전재산을 처분하여 마련한 음식과 옷과 약이었지만, 어느덧 바닥이 보이고 말았습니다. 마침내 입고 있던 옷까지 벗어준 소녀는 더 이상 나아갈 수가 없게 되었습니다.

소녀는 한 구덩이 속으로 들어가서 벗은 몸을 숨기

고, 유일하게 남은 향을 사르고 꽃을 흩으며 기도했습니다.

"각화정자재왕여래시여, 이제 소녀는 더 이상 부처님 계신 곳으로 나아갈 수 없게 되었습니다. 부처님께서는 저 불쌍한 중생을 어여삐 여기시어 구제하여 주옵소서. 그리고 저의 이 조그마한 정업淨業을 헛되지 않게 하시어 어머니의 혼령을 위해 자비를 베푸시고, 그 태어난 곳을 알게 하여 소녀의 괴로움을 그치게 하여 주옵소서."

바로 그때 부처님께서는 소녀의 앞에 모습을 나타내어 말씀하셨습니다.

"착하다, 성녀여. 18세 처녀의 몸으로 옷을 벗어 걸인에게 주고 벗은 몸을 흙 속에 갈무리하였으니, 누가 너를 보살菩薩이라 하지 않겠느냐! 내 너의 공양을 달게 받고 너의 소망을 성취시켜주리라."

이 때부터 성녀는 땅 속에 몸을 갈무리한 보살이라 하여 '지장보살地藏菩薩'로 불려지게 되었습니다.

그 뒤 소녀는 각화정자재왕여래의 인도로 지옥이 있다는 대철위산 서쪽의 '중해重海'라는 바닷가에 이르게 되었고, 그곳에서 지옥에 떨어져 고통받는 중생의 모습과 지옥의 실체를 파악하게 됩니다.

　아울러 소녀의 공덕을 헛되이 하지 않기 위해 '각화정자재왕여래께서 3일 전에 이미 무간지옥無間地獄에 오시어, 어머니뿐만 아니라 함께 고통받던 죄인들을 모두 구제하여 하늘나라에 태어날 수 있도록 하였다'는 사실을 알게 됩니다. 지옥에서 나온 소녀는 다시 각화정자재왕여래께 나아가 원을 세웠습니다.

　"맹세하오니 저는, 미래의 시간이 다할 때까지 죄고罪苦에 빠진 중생이 있으면 마땅히 널리 방편을 베풀어 해탈케 하겠나이다."

　"맹세하오니 죄고를 받는 육도중생六道衆生 모두를 해탈케 한 다음, 저는 성불할 것이옵니다."

　이분이 대원大願의 본존本尊이신 지장보살입니다.

지장의 원과 함께하는 불자

　부모를 모두 잃고 고아가 되어버린 18세의 꽃다운 소녀는 모든 유산을 처분하여 어머니의 천도재薦度齋를 준비하였습니다. 꽃과 향, 음식·의복·탕약 등을 마련하여 부처님께로 나아가던 소녀는 굶주림과 추위에 떨고 있는 수많은 사람들을 대하자 자비심을 억누를 길이 없었습니다.
　소녀는 무조건 베풀었습니다. 배고픈 이에게는 음식을, 추위에 떠는 이에게는 옷을, 병든 이에게는 약을 주었습니다. 전재산을 처분하여 마련한 재물齋物은 곧 바닥이 나고 말았습니다.
　마침내 입고 있던 옷까지 다 벗어주고 더 이상 나아갈 수 없게 되자 구덩이 속으로 들어가 벗은 몸을 숨긴 소녀. 이 소녀의 맑고 깊은 마음과 기도는 그대로 부처님께 전하여져 부처님께서 그 앞에 모습을 나타내셨고, 소녀의 소원을 모두 성취시켜 주었습니다.

소녀의 착한 마음 씀씀이….

바로 이것입니다. 이것이 세상을 바꾸고 운명을 바꾸어 놓습니다. 맑은 마음, 순수한 마음이 세상을 바꾸고 '나'의 운명을 바꾸어 놓습니다.

흔히 사람들은 이야기합니다. '돈을 많이 벌어야겠다'고. '왜 많이 벌려고 하느냐?'고 물으면, '돈 많이 벌어서 좋은 일을 하고 싶기 때문'이라고 대답합니다.

남을 돕기 위해 많이 돈을 벌겠다는 것. 참으로 좋은 뜻이라 하지 않을 수 없습니다. 하지만 그와 같은 뜻을 세우고 피땀 흘려 부자가 된 다음에는 오히려 베푸는 데 인색해지는 경우가 대부분입니다.

왜냐하면 돈을 모으기 위해 돈에 너무 집착하고 사로잡혀 살았기 때문입니다. 누구든 마찬가지입니다. 돈벌이에 집착하여 돈 모으는 재미에 빠져버리면 돈에 사로잡혀 마음이 탁해지고, 마음이 탁해져버리면 잘 베풀 수가 없게 되고 마는 것입니다.

그러므로 남을 돕고자 한다면 넉넉하지 못할 때의 맑

은 돈[淨財] 한푼 한푼을 정성으로 베풀 수 있는 사람이 되어야 합니다. 이러한 사람이라야 부자가 된 후에도 잘 베풀 수가 있습니다. 오히려 부족한 듯할 때 맑은 돈을 보시할 수 있고, 어려울 때 마음을 넉넉하게 써야 선행의 공덕이 더욱 크게 쌓이는 것입니다.

돈뿐만이 아닙니다. 병이 든 사람은 '병이 낫고 나면 좋은 일을 하겠다'고 하고, 고난에 처한 사람은 '이 난관만 극복되면 좋은 일을 하겠다'고 생각합니다. 그러나 병이 낫고 고난을 극복한 다음에 좋은 일을 하는 사람은 예상 밖으로 드뭅니다.

정녕 좋은 일을 하겠다는 결심을 하였으면 병든 그 몸으로, 고난에 처한 그 환경에서 능력 닿는 대로 좋은 일을 시작해야 합니다.

어려움 속에서 좋은 일을 하고자 원을 발하고 실천에 옮기는 그 마음가짐과 자세야말로, 현재의 어려움을 녹이는 원동력이 됩니다. 바로 그 원력과 실천이 불행을 행복으로 바꾸고, 한량없는 공덕을 '나'에게 안겨준다는 것을 꼭 기억하기 바랍니다.

다시 소녀의 이야기로 돌아갑니다. 추위와 굶주림에

허덕이는 걸인들을 보자 측은함을 억제할 수 없어 음식과 옷과 약을 나누어주었던 그 착한 소녀. 어찌 그 소녀가 어머니의 천도재를 망각하였겠습니까?

하지만 소녀는 그들의 고통을 외면할 수 없어 맑은 마음으로 마냥 베풀었습니다. 조건없이 집착없이, 오로지 순수한 사랑과 샘솟는 자비심으로 베풀었기 때문에 소녀는 지장보살로 탈바꿈하였고, 마침내는 써도 써도 다 쓸 수 없고 베풀어도 베풀어도 모자람이 없는 복덕福德을 모두 갖춘 대보살님이 될 수 있었던 것입니다.

뿐만이 아닙니다. 지장보살님은 자신의 성불을 모든 중생의 성불 이후로 미루어버렸습니다.

"맹세하오니, 죄고罪苦를 받는 육도 중생 모두를 해탈케 한 다음 저는 성불할 것이옵니다."

원願. 이 세상의 소원 중에서 이보다 더 큰 원은 없습니다. 불교의 최고 목표인 성불도 마다하고 중생을 해탈시키겠다는 지장보살님의 근본 원력!

여기서 잠깐 불자들이 일상으로 외우는 사홍서원四弘誓願을 살펴봅시다.

가없는 중생을 맹세코 건지리다 [衆生無邊誓願度]
끝없는 번뇌를 맹세코 끊으리다 [煩惱無盡誓願斷]
한없는 법문을 맹세코 배우리다 [法門無量誓願學]
위없는 불도를 맹세코 이루리다 [佛道無上誓願成]

가없고[無邊] 끝없고[無盡] 한없고[無量] 위없는[無上] '그 무엇'을 맹세코 하겠다는 불제자들의 서원.
가없기에 도저히 다 건질 수 없는 것이 중생이요,
끝이 없기에 끊어도 끊어도 일어나는 것이 번뇌이며,
한없기에 배워도 배워도 끝이 없는 법문이요,
위없기에 닦아도 닦아도 이룰 수 없는 것이 불도입니다.
그런데도 불자들은 '맹세코 하겠다'고 말합니다.
이런 모순이 어디에 있습니까?
그러나 이것이 비록 모순이요, 이율배반이요, 거짓말일지라도 우리 불자들은 마땅히 하여야 합니다. 가능하기 때문에 하겠다는 것이 아니라, 그것이 참된 보살의 길이요 마땅히 가야 할 길이기 때문에 마냥 나아가는 것입니다.
시작도 끝도 없는 그 길…. 비록 불가능할지라도, 지장보살님은 시작도 끝도 없는 중생제도의 길 위로 한결같이 나아갑니다. 이것이 지장보살님의 소원이요 생활입니다.

우리는 그 어떤 성취에 앞서 한결같이 나아가는 지장보살님의 대원과 마음씀을 먼저 배워야 합니다. 지장보살님처럼 중생 모두에게 힘을 기울이지는 못할지라도, 스스로가 깊은 인연이라고 생각하는 가족과 가까운 사람들만이라도 살리겠다는 원을 세우며 살아야 합니다. 가정과 환경이 나를 위해 존재하도록 요구하는 것이 아니라, 가정과 주위를 살리는 내가 되도록 노력해야 합니다.

기도를 올리면서 원을 발하여 보십시오.

"가족 모두가 잘되고 집안이 잘된 다음 복을 받겠습니다."
"가족이나 이웃의 고통과 재앙은 저에게 주시고, 제가 받을 복은 가족과 이웃에게 돌려주십시오."

이렇게 '좋은 복은 가족과 주위 사람들에게 돌리고 고통은 내가 짊어지겠다'는 원을 세우며 살 수 있는 사람이야말로, 참된 부처님의 제자요 법왕자인 보살입니다.

물론 이러한 원을 세우라고 하면 먼저 두려움부터 느끼는 사람들도 있습니다.

"이렇게 원을 세우고 기도하면 나만 불행해지고 힘들어지는 것이 아닐까?"

그러나 조금도 걱정할 것이 없습니다. 오히려 그 반대입니다. 지장보살님을 보십시오. '나'를 잊고 남을 위하는 마음만을 가졌기에 써도 써도 다함이 없는 복전福田을 일구었습니다. 그 복은 단순한 인과의 복이 아닙니다. 대우주의 복, 대우주에 가득 충만되어 있는 복 그 자체입니다.

그러므로 누구든지 자신의 이기심이나 눈앞의 이익을 따르지 않고 대원을 마음에 품고 살면, 가족은 물론이요 나에게도 흠뻑 복이 찾아들게 됩니다. 왜냐하면 대원이 강하면 강할수록 불행의 원인인 이기심이 그만큼 빨리 무너져 내리기 때문입니다.

나의 이기심이 잦아들고 나의 벽이 무너져내리면 대우주의 무한 행복은 저절로 나에게 깃들게 되는 법.

이 원리를 깊이 명심하시어 맑고 밝고 깊이 있는 불자가 되도록 노력해 보십시오.

비록 넉넉하지는 않지만 능력껏 남을 위해 베풀 수

있는 사람, 마음처럼 일이 풀리지 않을 때 우울해지거나 역정을 내기보다는 명랑함과 용기를 잃지 않는 사람, 다른 사람으로 인해 손해를 보거나 피해를 입었을 때 인과법을 생각하며 능히 이해할 수 있는 사람, 조급하게 나아가기보다는 기다릴 줄 아는 사람이 되어 보십시오.

이렇게 마음을 넉넉하게 쓰는 사람에게는 만복萬福이 저절로 찾아오기 마련입니다.

마음을 잘 써서 손해볼 일은 결코 일어나지 않습니다. 일어난다고 하여도 기껏 지난 세상의 빚을 갚는 것뿐입니다. 인생살이란 결코 손해보는 장사도 남는 장사도 아닙니다. 본전 놓고 본전을 먹는 장사일 뿐입니다.

부디 지장보살님의 본원을 마음에 품고 넉넉한 마음으로 살아가십시오. '나'의 굴레를 벗어버리고 남을 살리는 원을 키우며 살아가십시오.

원願은 마음가짐입니다. 마음가짐을 바르게 하여 꾸준히 나아가면 그 원을 성취할 수 있는 힘[願力원력]이 생기고, 힘이 생기면 능히 자유자재로 베풀 수 있게 됩니다.

하지만 대원을 한번 발하는 것으로 그쳐서는 아니됩

니다. 거듭거듭 발하고 또 발하여, 대원에 걸맞는 힘이 생겨날 때까지 계속 발하여야 합니다.

한 방울의 물은 힘이 되지 못하지만, 방울방울의 물이 모이고 또 모이면 큰 강과 바다가 되며, 강이 되고 바다가 되면 능히 만물을 포용하고 살릴 수 있듯이….

한 방울의 물과 같은 우리의 원도 거듭 거듭 발하면 마침내는 지장보살님과 같은 대원의 강이 되고 바다가 된다는 것을 잊지 마시고, 끊임없이 스스로의 마음밭에 원의 씨를 심으시기 바랍니다.

지금 사랑 속에 있으면 서로를 살리는 사랑의 원을 더욱 키워가고, 행복 속에 있으면 행복을 나누어주고, 슬픔과 불행 속에 있으면 슬픔과 불행을 넘어서는 대비원大悲願을 일으키며 살아가야 합니다.

꼭 명심하십시오. 나의 이기심과 나의 벽을 무너뜨려서 나를 맑히고, 가정과 이웃을 살리고 뭇 생명있는 이들을 살리는 원願 속에서 살 때, 대우주에 가득 차 있는 행복과 해탈의 기운이 '나'의 것으로 된다는 것을.

또한 이것이 소녀 지장보살님의 최초 발심 이야기가 가르치는 바요, 행복과 해탈을 찾는 우리 불자들이 살아가야 할 모습이라는 것을 잊어서는 안 됩니다.

  인과의 법칙 속에서 보면 누가 어떻게 살든 인생은 어차피 본전 놓고 본전 먹기! 마음밭에 씨 심은 대로 결실을 거둘 뿐입니다. 그렇다면 과연 무엇을 위하여 어떻게 살 것입니까?

  나무대원본존지장보살

II. 무한자비와 파지옥의 지장보살

온갖고통 온갖고난 가득하다 할지라도
거룩하온 지장보살 존상앞에 이르러서
일심으로 예배하고 지성으로 공양하면
모든업이 소멸되어 평온함을 얻느니라

끝없는 용서와 사랑의 보살

석가모니부처님께서는 『지장경』 촉루인천품囑累人天品을 통하여 지장보살님을 다음과 같이 찬탄하셨습니다.

"지장, 지장이여.
그대의 신력神力은 불가사의하도다.
그대의 자비慈悲는 불가사의하도다.
그대의 지혜智慧는 불가사의하도다.
그대의 변재辯才는 불가사의하도다.
시방十方의 모든 부처님이 천만겁 동안 찬탄할지라도 그대의 불가사의한 공덕은 다 말할 수 없느니라."

부처님께서는 지장보살님의 지혜와 자비뿐만이 아니라, 신통력과 방편의 능력인 변재까지도 불가사의하다고 하셨습니다. 불가사의不可思議! 우리의 생각으로는 가히 측량을 하거나 헤아려 볼 수조차 없는 어마어마한 공덕을 갖추고 계시다는 것입니다.

하지만 지장보살님께서는 갖고 계신 그 불가사의한 공덕을 조금도 자신을 위해 사용하지 않으시고, 오로지 중생의 안락安樂을 위해서만 사용하십니다. 바꾸어 말하면, 지장보살님의 무한한 신통력과 자비와 지혜와 변재의 공덕은 오직 사바세계의 중생을 위해 존재하는 것입니다.

이에 비해 우리들 중생의 삶은 어떠한가? 우리는 우리의 능력을 우리들 자신을 위해 사용합니다. 남을 위하기보다는 나를 위해 사용하는 것입니다. 그 결과, 우리는, 자유와 행복의 삶을 얻기보다는 '나'의 굴레와 인과응보因果應報의 세계에 갇혀서 꼼짝을 하지 못하는 중생의 삶을 살아가게 됩니다.

그야말로 악한 씨를 심으면 고苦의 과보를 받고, 선한 씨를 심으면 낙樂의 열매를 거둘 뿐, 그 이상의 삶을 이루지 못합니다. 한량없는 과거의 생애를 살아오면서 몸과 말과 뜻으로 지어 온 바를 따라 순간순간 현재와 같은 모습을 나타내고 있을 뿐인 것입니다.

  부처님께서는 이러한 모습으로 살아가는 우리를 '업보중생業報衆生'이라고 하셨습니다. 지은 바 업에 따라 윤회를 하고, 지은 바 업에 의해 행복과 불행을 맞이하게 되는 중생이라는 뜻입니다. 결코 인과응보의 현실, 정해진 업을 면하기 어렵다는 '정업난면定業難免'의 영역을 뛰어넘지 못하는 '업덩이' 같은 존재가 업보중생인 것입니다.

  그러나 지장보살의 이름 아래에서는 '정업난면의 업보중생설'이 적용되지 않습니다. 가벼운 잘못은 물론이요, 중생의 가장 무거운 죄업이 만들어낸 지옥조차도, 지장보살님의 자비와 신력 앞에서는 모두 없어져버립니다.

  곧, 업보중생이 지극한 마음으로 지장보살을 향하면 지장보살님과 하나가 되고, 지장보살님과 하나가 되면 모든 업이 지장보살의 크나큰 본원력本願力에 의해 녹아 없어지고 마는 것입니다. 왜? 지장보살의 근본 서원이 끝없는 용서요 사랑이기 때문입니다.

  지장보살님의 끝없는 용서와 끝없는 사랑. 이를 증명

하는 옛 이야기 한 편을 함께 음미해 봅시다.

❀

중국 당나라의 옹주雍州 운현雲縣 지방에 이씨李氏 부인이 살고 있었습니다. 신심이 매우 두터웠던 그녀는 불교를 받듦에 있어 정성을 다하였고, 집에서도 꾸준히 수행을 하였습니다.

어느 날 이씨부인은 집안에 불상을 모시면 수행에 도움이 될 것이라는 생각이 들어, 약 50㎝ 크기의 목조 지장보살상을 모시게 되었는데, 그 뒤부터 집안에는 좋은 일이 날로 더하였습니다.

하지만 이씨부인에게는 소견이 삿되고 불교를 믿지 않을 뿐더러, 주인이 지장보살상을 모시는 것을 매우 못마땅하게 생각하는 50세 가량의 여종이 하나 있었습니다. 어느 날 여종은 이씨부인이 외출한 틈을 타서 지장보살상을 들고 나가 앞산 기슭의 풀숲에다 던져버렸습니다.

외출을 하였다가 집으로 돌아온 이씨부인은 지장보살상이 없어진 것을 발견하고 온 집안을 샅샅이 뒤졌습니다. 그러나 찾을 수가 없자, 슬픔을 가눌 길 없어 해가 저무는 것도 잊은 채 눈물을 짓고 있었습니다.

그때 문 밖에서 누군가가 부르는 듯한 소리가 들렸습니다. 이씨부인이 밖으로 나가자 사람은 보이지 않고, 앞산 기슭의 풀숲에서 기이한 빛이 뿜어져 나오고 있는 것이었습니다.

'아!'

직감으로 느낀 이씨부인은 풀숲으로 달려갔고, 그 곳에는 생명처럼 모시던 지장보살상이 모로 누운 채 빙긋이 웃고 계셨습니다. 이씨부인은 지장보살상을 정성껏 다시 봉안하고, 눈물과 웃음이 섞인 감동으로 예배하고 염불했습니다.

그러나 이씨부인은 그것이 여종의 소행이라는 것을 눈치조차 채지 못하고 있었습니다. 그런데 한밤중이 되자 여종이 갑자기 쓰러져 인사불성의 상태에 빠져버리는 것이었습니다. 깜짝 놀란 이씨부인이 온갖 방법을 다 동원하여 구완하자, 여종은 얼마 뒤 부시시 깨어났습니다. 그리고는 통곡을 하며 말했습니다.

"마님, 제가 잘못했습니다. 죽을죄를 지었습니다. 제발 용서하여 주십시오."

"용서라니? 도대체 왜 그러느냐? 자세히 말하여 보아

라."

"조금 전에 저는 말을 탄 누군가에게 붙잡혀서 정신없이 끌려가다가 내동댕이쳐졌습니다. 주위를 살펴보니 그곳은 명부冥府였으며, 관리 하나가 서첩을 펼쳐 들고 읽기 시작했습니다.

'대왕이시여, 이 죄인은 성상聖像을 내다버리는 대죄를 범하였습니다. 마땅히 지옥의 큰 고통을 받게 해야 합니다.'

저는 곧 심판을 내리려 하는 염라대왕 앞에서 저는 크게 두려워하며 벌벌 떨고 있었는데, 한 스님께서 그곳에 모습을 나타내셨습니다. 그러자 상석에 앉아 있던 염라대왕이 자리에서 내려와 공손히 맞이하고는, 저의 죄과를 자세히 아뢰는 것이었습니다. 그런데 스님은 뜻밖의 말씀을 하셨습니다.

'이 여인은 나를 믿는 신도 집에서 일을 하고 있는 종입니다. 비록 나의 형상이 보기 싫다고 하여 내다버리기는 하였으나, 나는 저 여인을 저버리지 않을 것이오. 바라건대 대왕께서는 저 여인을 불쌍히 여겨 다시 살려 주십시오.'

'저 죄인은 지옥에 떨어져 혹독한 고초를 받아야 마

땅하나, 보살님의 말씀이니 따르겠습니다.'
 염라대왕께서는 곧 저를 방면하였는데, 제가 불교를 좋아하지 아니하고 지장보살님을 내다버린 잘못을 깊이 뉘우치고 참회하였습니다. 그리고 그 자리에 꿇어앉아 큰소리로 외쳤습니다.
 '나무지장보살.'
 그러자 명부 안의 죄인들에게 채워져 있던 고랑쇠가 모두 벗겨져 버렸습니다. 그리고 스님께서 저의 손을 이끌어 염라청을 벗어나게 하는 순간, 저는 다시 살아난 것입니다.
 마님, 제가 잘못했습니다. 용서하여 주십시오."
 이야기를 마친 여종은 이씨부인 앞에 엎드려 하염없이 눈물을 흘렸고, 이씨부인은 그녀를 달래어 지장보살상을 향해 예배를 드리면서 참회하게 하였습니다.
 그리고 이 이야기를 전해들은 고을 사람들은 크게 신심을 일으켜, 불교를 받들고 지장보살님을 깊이 신봉하게 되었습니다.

§

 『지장보살님영험기』에 수록되어 있는 이 이야기는 불자인 우리를 너무나 따스하고 편안하게 해주고 있습니다.

 만약 우리가 알고 있는 다른 종교의 절대신이었다면, 자신의 상을 혐오하고 내다버리기까지 한 그 여종을 어떻게 하였을까요? 세상에 경종을 울리기 위해 더한 징벌을 가했을지도 모릅니다. 자비를 베풀지라도 '죄 없는 자는 돌을 던져라'고 하는 정도로 그쳤을 것입니다.

 그런데 지장보살님은 어떻게 하셨습니까? 염라대왕에게 부탁하여 그녀의 죄를 용서토록 하였을 뿐 아니라, 그녀를 깨우쳐 새 삶의 길로 인도하여 주셨습니다. 나아가 '나무지장보살'이라는 그 한마디 소리에 명부 중생의 고랑쇠를 모두 벗겨버렸습니다.

 정녕 지장보살님은 죄의 무겁고 가볍고를 따지지 않습니다. 믿고 따르는 이는 물론이요, 돌아서고 욕하고 해하는 자들까지 인연있는 중생이면 누구나 다 수용하십니다. 오직 중생애민衆生愛愍의 비심悲心으로 끝없이 사랑하고 끝없이 용서할 뿐입니다.

 중생을 불쌍히 여기고 또 불쌍히 여기는 지장보살님. 중생을 용서하고 또 용서하며, 모든 죄업의 감옥을 부수어버리는 지장보살님! 지장보살님의 존재 목적은 오로지 중생 구제와 성불의 길을 열어주고자 하는 것뿐입니다.

그 어떤 중생이라도 '지장보살'을 염할 때 고통의 현실은 사라지고 고난의 감옥은 부서집니다. 우리가 살아 있건 죽어 있건 지장보살님의 사랑은 끝이 없습니다.

열 번만이 아니라 백 번도 용서할 수 있는 지극한 사랑으로, 중생의 업業이 만들어낸 갖가지 장애와 부자유의 감옥들을 부수고, 행복의 세계로 성불의 길로 우리를 인도하는 것입니다.

실로 우리가 지장보살님의 끝없는 용서와 사랑을 배워서, 우리들 마음속에 간직한 응어리들을 풀고 탐착을 떠난 삶을 살아간다면, 우리들 또한 점차로 지장보살님과 같은 신통력과 방편력과 자비와 지혜를 이룰 수 있게 될 것입니다.

명부세계와 지장보살

　이제 우리나라 대부분의 사찰에 있는 명부전冥府殿의 내부를 조명해 보면서, 죽은 이가 심판을 받는다는 명부세계와 지장보살의 관계에 대해 잠깐 살펴보도록 합시다.

　명부전은 저승의 유명계幽冥界, 곧 명부세계를 사찰 속으로 옮겨 놓은 전각입니다.

　이 명부전의 구조를 살펴보면, 중앙에 위치한 지장보살을 중심으로 왼쪽에는 도명존자道明尊者를, 오른쪽에는 무독귀왕無毒鬼王을 봉안하여 삼존불을 이루게 합니다. 그리고 그 좌우에 명부시왕상을 안치하며, 시왕상 앞에는 시봉을 드는 동자상 10구를 안치합니다.

　이밖에도 대왕을 대신하여 심판을 하는 판관判官 2

직지사 명부전 내부. 명부전에는 지장삼존을 중심으로 십대왕과 동자상, 판관·녹사·장군 등의 존상이 함께 모셔져 있다.

인, 기록과 문서를 담당하는 녹사錄事 2인, 문 입구를 지키는 장군將軍 2인 등을 마주보게 배치하는데, 이 모두를 다 갖추게 되면 총 29체體의 존상이 모셔집니다.

또한 지장보살님의 뒤쪽 벽에는 지장탱화地藏幀畵를 봉안하고, 시왕의 뒤편으로는 명부시왕탱화를 봉안하게 됩니다.

이 시왕탱화를 명부전에 봉안할 때는 1대왕씩 10폭으로 묘사하거나 5대왕씩 2폭으로 묘사하여 봉안하며,

중앙 지장보살님의 왼쪽에는 1·3·5·7·9의 홀수 대왕 그림이, 오른쪽에는 2·4·6·8·10의 짝수 대왕 그림이 배치됩니다.

또한 각 그림의 내용은 크게 상단과 하단부로 대별됩니다. 상단부에는 그 대왕을 중심으로 시녀侍女·판관判官·외호신장外護神將들이 둘러 서 있고, 그림의 상·하단을 구름으로 구분한 다음, 그 아래 하단부에는 형벌을 받은 죽은 사람과 형벌을 가하는 사자使者와 귀졸鬼卒, 죄인의 앞에서 지은 죄를 하나하나 열거하며 읽어주는 판관 등이 그려져 있습니다.

상단부의 10대왕 가운데 마지막 전륜대왕轉輪大王만이 투구와 갑옷을 입은 장군의 모습일 뿐, 나머지 아홉 대왕은 관을 쓰고 붓과 홀笏을 잡고 있는 왕의 모습입니다. 모든 대왕의 앞에는 책상이 놓여 있고, 그 위에는 필기 도구들이 마련되어 있습니다.

하단부의 그림은 매우 끔찍합니다.

제1 진광대왕도秦廣大王圖에는 죽은 자를 관에서 끌어내는 장면, 이미 끌려온 자들이 목에 칼을 차고 판관의 질책을 듣는 장면, 관 속에 든 죄인의 배를 징으로 내리쳐 가르는 모습 등이 묘사됩니다.

제2 초강대왕도初江大王圖에는 관에서 나온 이가 나무에 거꾸로 매달리거나 칼을 차고 고통을 받는 모습, 배꼽에 호스를 연결하여 살아 생전에 축적한 탐욕의 기름을 뽑아내는 장면 등이 묘사됩니다.

제3 송제대왕도宋帝大王圖에는 형틀에 맨 죄인의 혀를 길게 뽑아낸 다음, 소가 쟁기로 밭을 갈 듯이 죄인의 뽑혀진 혀를 쟁기로 가는 모습이 묘사되어 있으며,

제4 오관대왕도五官大王圖에는 죄인을 가마솥의 끓는 기름 속에 넣어 고통을 가하는 모습이,

제5 염라대왕도閻羅大王圖에는 업경대業鏡臺로 죽은 이의 지은 죄를 비춰보는 장면과 죄인을 방아에 넣어 찧는 모습이 묘사되어 있습니다.

제6 변성대왕도變成大王圖에는 무수한 칼이 하늘을 향해 날카롭게 솟아 있는 도산刀山 속에서 죄인이 고통을 받고 있는 모습이 묘사되고,

제7 태산대왕도泰山大王圖에는 죄인을 형틀에 넣어 톱으로 써는 모습,

제8 평등대왕도平等大王圖에는 죄인을 바윗돌로 눌러 압사시키는 모습,

제9 도시대왕도都市大王圖에는 죽은 이의 지은 죄를

적은 두루말이를 저울로 달아 무게를 다는 모습과 죄인들이 얼음 속에서 발가벗은 채 떨고 있는 모습, 대왕 이하 모든 권속들이 하늘에서 내려오는 지장보살을 우러러보며 합장하는 장면이 묘사되어 있습니다.

제10 오도전륜대왕도五道轉輪大王圖에는 모든 재판과 명부의 형벌을 끝낸 중생들이 다시 아귀 · 축생 · 인간 등으로 태어나기 위해 길 떠나는 장면이 묘사되어 있습니다.

이상과 같이 명부는 고통이 매우 심한 곳이고, 10대왕은 고통받는 명부의 죄인을 관장하고 있다고 믿기 때문에, 불교에서는 사람이 죽으면 시왕의 위덕을 비는 열 번의 재齋를 베풀도록 하고 있습니다.

이는 『예수시왕생칠경』에 근거를 두고 있으며, 시왕이 각각 망인을 심판하는 초7일, 2 · 7일, 삼칠일, 4 · 7일, 5 · 7일, 6 · 7일, 7 · 7일과 100일째 되는 날, 1주기, 2주기 때 재를 베풀어 죄업을 사하도록 한 것입니다. 앞의 일곱 번을 우리는 49재, 그리고 뒤의 셋을 백재百齋 · 소상재小祥齋 · 대상재大祥齋라 칭하고 있습니다.

시왕의 심판 및 시왕탱화에 나타난 망인의 고통과 관련된 이와 같은 재는 후손들이 망인을 위해 대신 공덕을 쌓아, 망인의 고통을 조금이나마 덜어주고 좋은 세상에 태어나도록 하기 위한 효심의 발로라는 사실을 다 같이 기억해야 합니다. 지장보살이 어머니를 지옥에서 구하였듯이, 참된 효심이야말로 조상을 죄업의 고통에서 구할 수 있는 가장 좋은 도구가 되는 것입니다.

그리고 이러한 시왕탱화에서, 우리가 특별히 눈여겨 보아야 할 것이 있습니다. 그것은 각 탱화 속에 반드시 묘사되어 있는 지장보살의 모습입니다.

지장보살님께서는 시봉하는 제자를 데리고 명부의 고통받는 중생들 옆에 서 있습니다. 때로는 판관에게 죄인을 용서해 줄 것을, 때로는 죄인에게 죄업을 면하는 방법을 일러주십니다. 슬픈 표정으로 두 손을 모으고 죄인들과 함께하는 지장보살님으로 인해, 시왕의 신앙까지 참다운 생명력을 지니게 되는 것입니다.

명부전. 그곳을 들어서면 우리는 섬뜩합니다. 그곳은 명부에 간 조상을 깨우치는 곳만이 아닙니다. 살아있는 사람으로 하여금 저승을 느끼게 하는 곳입니다. 탐욕과 성냄과 어리석음으로 가득 찬 이 생을 끝내고 명부에 이르렀을 때, 십대왕으로부터 받게 될 심판을 생각해 보는 곳이기도 합니다.

옛날 한 부자가 죽으면서 유언을 남겼습니다.

"내가 죽어 시신을 장지葬地로 옮길 때, 나의 두 손은 반드시 상여 밖으로 나오도록 하라."

유언에 따라 가족들은 상여를 메고 갈 때 두 손을 상여 밖으로 내어놓아 사람들이 볼 수 있도록 하였습니다.

이것이 무엇을 뜻합니까?

"사람들아 보아라. 나는 돈도 많고 집도 크고 권속들도 많지만, 오늘 이때를 당하여 나 홀로 간다. 부귀영화가 얼마나 허망한 것이더냐? 빈손으로 와서 빈손으로 돌아가는 인생. 평생 모은 재산도 가져갈 수 없고 아끼던 처자식도 함께 가지 않으며, 오직 지은 바 업業만이 나와 함께한다."

바로 이것을 깨우쳐주고자 한 것입니다.

명부전은 이처럼, 죽음과 저승을 느끼며 현세에 내가 해야 할 바를 생각해 보는 곳입니다. 그러나 다른 한편에서 볼 때, 명부전은 두려움의 장소가 아니라 진정한 자비를 느끼는 곳입니다.

"한 중생이라도 성불하지 않는 이가 있으면 나 또한 성불하지 않으리라."고 하신 지장보살님의 본원을 되새겨 보는 크나큰 자비의 도량입니다.

　우리는 명부전을 지성의 참회 도량으로 만들어야 합니다. 단순히 명복을 비는 장소가 아니라, 참되게 사는 길과 스스로의 진실을 체험하는 본원本願의 도량으로 가꾸어 가야 합니다.

파지옥破地獄 · 파사바破娑婆

이제 사랑과 용서의 극치를 여실히 나타내어주는 '지장보살의 파지옥'에 대해 살펴보도록 합시다.

불교에서는 지장보살님을 '파지옥의 대보살'이라 칭합니다. 결코 죽은 이로 하여금 명부시왕의 심판을 잘 받을 수 있게끔 하는 것으로 끝내는 분이 아니라, 지옥을 완전히 없애고자 하는 분이 지장보살님이기 때문입니다.

파지옥破地獄…. 원래 지옥이란 따로 있었던 것이 아닙니다. 중생의 악한 마음, 지극한 이기주의가 만들어낸 새로운 세계가 지옥입니다. 자유로운 하늘의 세계와는 달리, 탐욕과 분노와 어리석음의 무거운 업보가 땅 속 감옥인 지옥을 만들어 낸 것입니다.

지옥은 한없는 고통의 세계이며, 그 고통은 평범한 인간의 상상을 초월합니다. 아니, 인간이 상상할 수 있는 가장 비참한 불행의 양상을 모아놓은 곳이 지옥일 수도 있습니다. 잠시 『지장경』 지옥명호품에 묘사되어 있는 지옥중생의 처참한 모습을 살펴봅시다.

① 어떤 지옥에서는 죄인의 혀를 뽑아내어 소로 하여금 갈게 하고
② 어떤 지옥에서는 죄인의 심장을 빼내어 야차夜叉가 먹고
③ 어떤 지옥에서는 죄인의 몸을 끓는 가마솥 물에 삶고
④ 어떤 지옥에서는 죄인으로 하여금 벌겋게 달군 구리 기둥을 안게 하고
⑤ 어떤 지옥에서는 맹렬한 불덩이가 죄인을 쫓아다니며 태우고
⑥ 어떤 지옥은 온통 차가운 얼음뿐이며
⑦ 어떤 지옥은 끝없는 똥오줌이며
⑧ 어떤 지옥은 빈틈없이 화살이 날며
⑨ 어떤 지옥에서는 죄인을 많은 불창으로 찌르고

⑩ 어떤 지옥에서는 쇠몽둥이로 죄인의 가슴과 등을
치고
⑪ 어떤 지옥에서는 죄인의 손과 발만을 태우고
⑫ 어떤 지옥에서는 무쇠로 된 뱀이 죄인의 온몸을
감고
⑬ 어떤 지옥에서는 무쇠로 된 개가 죄인을 쫓고
⑭ 어떤 지옥에서는 무쇠 나귀가 죄인을 뒤에 매단
채 끌고 다닌다.

한마디로 끔찍하고 소름끼치는 지옥. 그 지옥 속으로 기꺼이 뛰어들어 고통받는 지옥중생을 남김없이 구하고자 하는 분이 있습니다. 그 분이 바로 지장보살입니다.

지장보살님은 지옥문을 지키고 있으면서 그곳으로 들어가는 중생을 못 들어가도록 막습니다. 때로는 염라대왕의 몸으로, 때로는 지옥졸地獄卒의 모습을 나타내어 고통받는 지옥 중생에게 설법을 합니다. 때로는 지옥 그 자체를 부수어서 모든 지옥 중생을 천상이나 극락으로 인도합니다.

그러나 탐욕과 분노와 어리석음이 중생과 함께 하는

통도사 시왕탱 제6 변성대왕도 하단 부분. 지장보살님이 합장을 하고 판관들에게 고통받는 지옥중생의 죄를 가볍게 해 줄 것을 부탁하고 있는 모습.

한, 지옥은 계속 생겨납니다. 그리고 지옥이 있는 이상 지장보살은 지옥을 떠나지 않습니다. 지장보살님께서는 수많은 분신들을 지옥의 요소 요소에 배치하여 고통받는 중생의 해탈은 물론, 그릇된 마음의 중생을 교화하고 영원히 지옥을 없애고자 잠시도 노력을 게을리하지 않는 것입니다.

하지만 지장보살님의 자비와 원력은 이제까지 우리가 살펴본 바와 같은 '파지옥'에만 그치고 있는 것이 아닙니다.

　지장보살님은 현세의 행복과 내세의 안락을 함께 보장하며, 나아가 뭇 생명있는 자들을 성불토록 하여 이 윤회하는 사바세계 자체를 없애고자 하는 '파사바破娑婆의 보살'이라는 점을 잊어서는 안 됩니다.

　만약 우리의 마음에 그분의 원력과 자비를 담을 수 있다면, 우리는 반드시 윤회를 벗어나 적멸위락寂滅爲樂의 세계로 나아갈 수 있게 됩니다. 이것이 지장신앙의 참뜻이며, 지장보살님이 존재하는 진정한 까닭이라는 것을 꼭 기억하시기 바랍니다.

　나무 대원본존 지장보살

Ⅲ. 현세의 행복과 지장보살

지장보살 온갖고통 여의게하고
모든소원 지체없이 거둬주시어
천상나고 열반길에 들게하시니
저희들이 일심으로 정례합니다

왜 내원궁에 지장보살이?

동백꽃으로도 유명한 전라북도 고창 선운사에는 도솔암兜率庵이라는 암자가 있고, 이 도솔암에서 365계단을 올라가면 '도솔천 내원궁兜率天 內院宮'이라는 편액이 붙어 있는 조그마한 법당이 나타납니다.

도솔천 내원궁. 불교의 세계관에서 볼 때 도솔천은 욕계欲界의 6천天 중 네번째 하늘에 해당하며, 그 도솔천의 중심부에 내원궁內院宮이 자리잡고 있습니다. 이 내원궁은 극락세계와 함께 불교의 대표적인 정토淨土로 손꼽히고 있으며, 현재 내원궁에는 미래의 부처님인 미륵보살이 머물러 계시면서 법을 설하고 계신다고 합니다.

그런데 도솔암의 '도솔천 내원궁'의 문을 열어보면

미륵보살은 보이지 않고, 보물로 지정된 지장보살좌상이 봉안되어 있습니다. 참배객의 머리가 저절로 숙여지게 만드는 아름답고도 당당한 지장보살님의 모습이 ….

○○사 도솔암 내원궁에 모셔진 지장보살.

비례감이 매우 뛰어나면서도 몸의 어느 한 곳에도 인위적인 힘이 들어가 있지 않은 단정한 자세를 우러러 보고 있노라면, '모든 중생을 남김없이 제도한 다음 성불하겠다'고 맹세한 지장보살님의 의지가 풍겨져 나옴을 느낄 수 있습니다.

또한 타원형의 갸름한 얼굴, 초승달 같은 눈썹, 긴 눈매, 오똑한 코, 단아한 입술 등 단정하면서도 다소 여성적인 얼굴 모습에는 지장보살님의 깊은 사랑이 배어 있는 듯합니다. 아울러 이 지장보살님께 예배를 드리면, 도솔암이 한국의 대표적인 지장성지가 된 까닭을 저절

Ⅲ. 현세의 행복과 지장보살 67

로 느낄 수가 있습니다.

이제 이 지장보살님상에 대해 우리가 그냥 지나치기 쉬운 한 가지 의문을 제기해 보고자 합니다. 그것은 '도솔천 내원궁에 당연히 있어야 할 미륵보살의 모습은 보이지 않고 왜 지장보살님이 좌정하고 계시는가?' 하는 것입니다.

흔히 사람들은, '원래 미륵보살을 모셨던 이 법당이 폐허가 되자 다시 전각을 지어 지장보살님을 모셨지만, 이름만은 옛날 그대로 「도솔천 내원궁」으로 하였을 것'이라 풀이하고 있습니다. 그러나 이것은 너무나 큰 억측입니다.

사찰의 전각 이름 중, 석가모니불이 아닌 다른 부처님을 모셔 놓고 그 전각 이름을 '대웅전'이라고 하는 것은 용납될 수 있는 일입니다. 어떠한 부처님도 영웅 중의 영웅이신 '대웅大雄'이시고, 그러한 대영웅을 모신 '큰법당'이 대웅전이기 때문입니다.

그러나 '극락전'이라 하여 놓고 아미타불 대신 약사여래를 모시거나, '관음전'이라 하여 놓고 문수보살을 주존으로 모실 수는 없는 일입니다. 이름과 내용이 맞지 않기 때문입니다.

그러므로 지장보살만을 모신 전각을 '도솔천 내원궁'이라 할 때는 특별한 이유가 반드시 있어야만 용납됩니다. 명분과 이치에 맞지 않는 일은 절대로 하지 않았던 우리네 옛 스님들이, 불교 교리에도 맞지 않는 엉뚱한 편액을 달 까닭이 없기 때문입니다.

과연 그 까닭이 무엇일까요? 오랫동안 그 까닭을 찾은 결과, 크게 두 가지 이유가 있음을 발견할 수 있었습니다.

① 석가모니 부처님으로부터 미륵불이 출현할 때까지 사바세계의 중생을 교화해 줄 것을 위촉받은 지장보살님의 현세적인 역할

② 이 땅에 뿌리 깊게 전승되어 온 참회불교의 전통과 밀접한 관련이 있다는 것입니다.

이제 이 두 가지 사항에 대해 심도 있게 살펴보면서, 지장신앙의 참된 면모를 함께 규명해 봅시다.

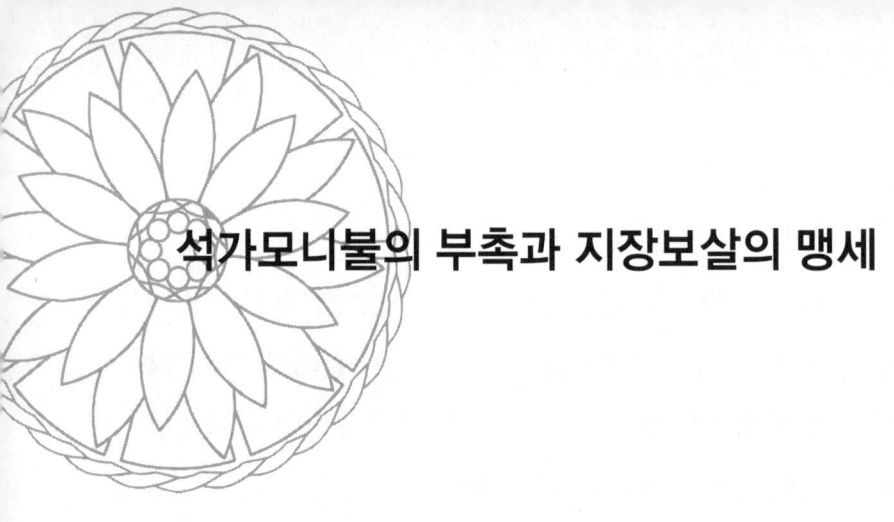

석가모니불의 부촉과 지장보살의 맹세

『지장경』을 보면, 지장보살님이 석가모니부처님으로부터 말세중생末世衆生의 제도를 부촉咐囑받는 장면이 두 차례 묘사되어 있습니다. 석가모니께서 열반에 든 뒤부터 미륵불이 출현할 때까지, 수많은 분신分身을 이 사바세계에 나타내어 일체 중생을 교화해 줄 것을 당부받은 것입니다.

"나는 이 사바세계에서 억세고 거친 중생을 교화하고 그들의 마음을 바로잡아, 삿된 것을 버리고 바른 길로 돌아오게 하였느니라. 그러나 그 중 열에 한두 명은 아직도 나쁜 버릇에 빠져 있느니라.
……

그대는 스스로가 지은 억세고 거친 죄업의 과보로 나쁜 세상에 떨어져 큰 고초를 받는 중생을 보거든, 내가 이 도리천궁에서 간절히 부촉한 것을 생각하여, 사바세계에 미륵불이 오실 때까지 중생들이 모든 고통을 영원히 벗어날 수 있도록 하고, 장차 미륵불을 만나뵙고 수기를 받을 수 있게 할지니라."

그때 모든 세계에서 모인 지장보살님의 분신들은 다시 한 몸이 되어 애절한 마음으로 눈물을 흘리면서 부처님께 아뢰었다.

"세존이시여, 저는 저의 분신으로 하여금 모든 세계에 가득 차게 하고, 그 한 몸마다 백천만억 사람을 제도하여 삼보에 귀의하게 하며, 길이 생사의 고통을 벗어나 열반락涅槃樂에 이르도록 하겠나이다.

세존이시여, 오직 바라옵건대 후세의 악업중생에 대해서는 염려를 마옵소서.

세존이시여, 오직 바라옵건대 후세의 악업중생에 대해서는 염려를 마옵소서.

세존이시여, 오직 바라옵건대 후세의 악업중생에 대해서는 염려를 마옵소서." — 분신집회품

"현재와 미래의 모든 중생을
내 이제 그대에게 부촉하노니
그대는 큰 신통과 큰 방편으로
중생들을 두루 널리 제도하여
나쁜 세상에 떨어지지 않게 하라."

이때 지장보살이 무릎을 꿇어 합장하고 부처님께 아뢰었다.

"세존이시여, 오직 바라옵건대 염려를 놓으소서. 미래세의 선남자 선여인이 불법佛法에 대해 한 생각의 공경심만 내어도, 저는 백천 가지 방편으로 그 사람을 제도하여 생사生死 중에서 속히 해탈을 얻게 할 것이옵니다."
― 촉루인천품

도리천궁에서 열반 직전에 『지장경』을 설하셨던 석가모니부처님께서는 미륵불이 출현할 때까지의 '부처님 공백기' 동안에 중생을 제도할 이로써 지장보살을 지정하셨습니다. '내가 못 다한 일을 지장보살이 계속해 줄 것'을 당부하신 것입니다.

이에 지장보살님은 '불법에 대해 한 생각의 공경심만 있는 이라면 갖가지 방편을 구사하여 반드시 그 사람을 제도하고 고통을 벗어나게 할 것'이라고 다짐하였습니다.

특히 분신집회품에서는 후세 중생을 '책임지겠다'고 세 번이나 맹세하였습니다. 세 번의 맹세는 불경 속에서 거의 찾아볼 수가 없습니다. 그런데 왜 세 번씩이나 맹세를 하였는가? 그만큼 틀림없음을 강조하고 있는 것입니다.

이제 이상에서 살펴본 내용을 다시 한 번 정리해 봅시다. 석가모니부처님께서는 미륵불이 출현할 때까지의 후세 중생에 대한 교화를 지장보살에게 부촉하셨습니다. 그 부촉은 어떠한 보살이나 제자들에게 했던 것보다 간곡하였고, 지장보살님의 맹세 또한 지극하였습니다.

그렇기 때문에 선운사 도솔암의 '내원궁'에다 미륵보살 대신 지장보살을 모신 것입니다. 곧, 현재 도솔천 내원궁에 계신 미래불 미륵보살을 대신하여 이 사바세계에서 활동하면서, 중생들에게 현실적인 행복을 안겨주고 마침내는 미륵의 정토로 인도하는 분이 지장보살이기 때문에 '내원궁'에다 지장보살상을 모시게 되었던 것입니다.

지장신앙의 현실적 이익

그럼 지장보살님을 신봉하는 이가 얻게 되는 현실적인 이익은 어떠한 것인가? 이 또한 후세 중생의 행복에 대한 부처님의 부촉과 지장보살님의 맹세가 지극한 때문인지, 그 이익이 『지장경』에 여러 차례 설하여져 있습니다. 7종 이익·10종 이익·28종 이익이 그것입니다. 서로가 다소 중복되는 부분은 있지만, 우리의 신심을 북돋우는 의미에서 이를 모두 열거하여 봅시다.

〈7종 이익〉
① 속히 성현의 땅에 오른다 速超聖地
② 악업이 소멸된다 惡業消滅
③ 모든 부처님이 지켜준다 諸佛護臨

④ 보리심이 후퇴하지 않는다 菩提不退
⑤ 본원력이 더욱 더 커진다 增長本力
⑥ 숙명을 통달한다 宿命皆通
⑦ 마침내는 부처를 이룬다 畢竟成佛

이 7종 이익은 특히 수행하는 이들과 관련이 깊습니다. 불교공부에 뜻을 둔 이가 지장보살님을 신봉하게 되면 악업이 소멸되어 빨리 성현의 땅에 이르게 되며, 부처님의 가피 아래 보리심菩提心을 기르고 수행력을 증장시켜 신통력을 얻게 되고 마침내는 부처를 이룬다는 것입니다.

그래서 수행자들은 본격적인 공부를 하기 전에 지장 참회기도부터 시작하는 경우가 많습니다. 지장보살님께 의지하여 업장을 참회한 다음 수행을 시작하게 되면, 공부가 잘 될 뿐 아니라 성취 또한 남다르다는 것입니다. 이에 대해서는 마지막 장에서 예화와 함께 그 방법을 밝히고자 합니다.

〈10종 이익〉
① 농사짓는 땅에 풍년이 든다 土地豊穰

② 집안이 안전하고 편안하다 家宅永安^{가택영안}
③ 조상들이 천상에 태어난다 先亡生天^{선망생천}
④ 현세의 가족들이 장수한다 現存益壽^{현존익수}
⑤ 구하는 바가 뜻대로 이루어진다 所求遂意^{소구수의}
⑥ 수재나 화재를 만나지 않는다 無水火災^{무수화재}
⑦ 재물의 헛된 손실이 없다 虛耗避除^{허모피제}
⑧ 나쁜 꿈을 꾸지 않게 된다 杜絶惡夢^{두절악몽}
⑨ 출입할 때 신장들이 보호한다 出入神護^{출입신호}
⑩ 성현들을 많이 만나게 된다 多遇聖人^{다우성인}

　7종 이익이 수행인을 대상으로 한 것이라면 10종 이익은 현실적인 삶 속에서의 행복을 논한 것입니다.
　이 10종 이익과 다른 불보살을 믿을 때 얻게 되는 이익을 비교하여 볼 때 매우 특징적인 것은, 제1 '농사짓는 땅에 풍년이 든다'는 것과, 제3 '조상들이 천상에 태어난다'는 것입니다. 제1 이익은 땅을 갈무리한다는 '地藏'의 의미와 깊은 관련이 있는 것이며, 제3 이익은 지장보살님의 영가천도 능력과 결부된 것입니다.
　풍년에다 조상의 생천生天만 하여도 기쁜 일인데, 집안이 편안하고 가족이 오래 살며, 구하는 바가 뜻대로 이루어지고 재물에 손실이 없고 재앙이 없으며, 잠자리까지 편안하니 어찌 행복하지 않을 수 있겠습니까? 나아가 신장이 보호해 주고 성현도 많이 만날 수 있으니….

하지만 이 10종 이익에서는 특별한 부귀나 거대한 권력 등은 논하지 않고 있습니다. 그와 같은 큰 욕심이 오히려 불행을 초래하기 때문일 것입니다.

그야말로 지장보살님께서는 불행이 깃들지 않는 소박한 행복, 평범하면서도 만족스럽고 기쁨이 있는 생활인의 행복을 선사하고 있는 것입니다.

〈28종 이익〉

① 천인과 용이 항상 지켜준다 天龍護念
② 선한 과보가 나날이 더해진다 善果日增
③ 성인들과 좋은 인연을 맺는다 集聖上因
④ 보리심이 후퇴하지 않는다 菩提不退
⑤ 먹고 입는 것이 풍족해진다 衣食豊足
⑥ 질병이 침범하지 않는다 疾疫不臨
⑦ 수재나 화재를 만나지 않는다 離水火災
⑧ 도둑으로 인한 재앙이 없다 無盜賊厄

⑨ 사람들로부터 존경을 받는다 人見欽敬(인견흠경)
⑩ 귀신들이 돕고 지켜준다 鬼神助持(귀신조지)
⑪ 여자는 다음 생에 남자가 된다 女轉男身(여전남신)
⑫ 여자라면 좋은 가문에 태어난다 爲王臣女(위왕신녀)
⑬ 용모가 단정하고 빼어나다 端正相好(단정상호)
⑭ 여러 생 동안 천상에 태어난다 多生天上(다생천상)
⑮ 때로는 제왕이 되기도 한다 或爲帝王(혹위제왕)
⑯ 육신통 중 숙명통을 성취한다 宿智命通(숙지명통)
⑰ 구하는 바를 다 이루게 된다 有求皆從(유구개종)
⑱ 가족 친척들이 모두 화목하다 眷屬歡樂(권속환락)
⑲ 뜻밖의 재앙이 모두 소멸된다 諸橫消滅(제횡소멸)
⑳ 나쁜 업의 길이 영원히 없어진다 業道永除(업도영제)
㉑ 가는 곳마다 모두 통한다 去處盡通(거처진통)
㉒ 밤에는 꿈이 안락하다 夜夢安樂(야몽안락)
㉓ 조상들이 괴로움을 벗어난다 先亡離苦(선망이고)
㉔ 다시 태어날 때 복을 타고난다 宿福受生(숙복수생)
㉕ 모든 성현들이 찬탄한다 諸聖讚嘆(제성찬탄)
㉖ 총명하고 근기가 빼어나게 된다 聰明利根(총명이근)
㉗ 자비심이 더욱 풍부해진다 饒慈愍心(요자민심)
㉘ 마침내는 부처를 이룬다 畢竟成佛(필경성불)

28종 이익은 7종 이익과 10종 이익에서 설한 내용을 보다 더 구체적으로 표출시킨 것입니다. 조금 특이하다면 '여자'에 대한 것으로, 다음 생에는 남자가 된다고 한 것(제11 이익)이나, 여자라면 좋은 가문에 태어난다는 것(제12 이익) 등 입니다.

정녕 지장보살님을 신봉하면 질병·수재·화재·도둑 등의 모든 재앙은 사라지고, 현실적으로 풍요롭게 살 뿐 아니라 좋고 또 좋은 일들이 함께 합니다. 특히 내생은 복인福人으로 태어나고 행복만이 가득해집니다.

이상과 같이 중생에게 행복과 이익만을 안겨주는 지장보살님. 그렇지만 지장보살님께서는 우리에게 많은 것을 요구하지 않습니다.

누구든 『지장경』을 읽거나, 지장보살님께 공양하고 찬탄하고 예배를 드리기만 하면 앞에서 밝힌 이익들을 얻게 된다는 것입니다.

지장보살님은 이러한 중생들을 위해 매일 아침 선정禪定에 들어 중생들의 요구를 살피고 구원의 손길을 뻗친다고 합니다. 나아가 지장보살님은 당신을 우러러 칭명하고 참회하는 이들의 죄업을 소멸시켜, 해탈의 세계로 이끌어 가겠다는 확신의 맹세까지 하고 계십니다.

"미래세未來世 중에 만약 선남자 선여인이 있어 이 지장보살님의 이름을 듣고 합장하거나 찬탄하거나 예경을 드리거나 간절히 생각하며 참회한다면, 이 사람은 30겁劫 동안 지은 죄를 초월하게 되느니라. 만약 선남자 선여인이 지장보살님의 형상을 만들어서 한 번 쳐다보거나 한번 절한다면, 이 사람은 1백 번 33천天에 태어나고 길이 악도惡道에 떨어지지 않게 되느니라."

― 여래찬탄품

지장보살을 향한 참회

참회. 참회는 죄업중생을 위해 있는 것입니다. 참회만이 죄업을 녹일 수 있기 때문입니다. 지장보살님을 향한 참회. 여기서 잠시 지장보살님을 향한 참회를 통하여 이 땅에 참회불교의 전통을 뿌리내리게 한 큰스님의 이야기를 함께 살펴봅시다. 그 큰스님은 바로 진표율사이십니다.

❀

진표율사眞表律師는 통일신라시대의 경덕왕 때 우리나라에 법상종法相宗을 개산開山한 분입니다. 그러나 이 스님은 법상종의 시조라는 사실보다 율사로 더 유명하고, 계를 얻기 위해 미륵보살님과 지장보살님께 지극

정성으로 참회하고 발원하여 특별한 상서를 얻고 계를 얻은 자서수계自誓授戒의 큰스님으로 특히 유명합니다.

스님의 출가 동기는 매우 특이하였습니다.

활쏘기를 잘했던 어린 시절, 하루는 논두렁에서 개구리 30여 마리를 잡아서 버들가지에 꿰어 물에 담그어 두었습니다. 그리고는 산에서 사냥을 하다가 그냥 집으로 돌아왔습니다. 개구리는 까맣게 잊어버린 채….

이듬해 봄, 다시 사냥길에 나선 소년은 논두렁에서 개구리 우는 소리를 듣고 문득 지난해의 일을 떠올렸습니다. 그런데 바로 그 물 속에서 개구리들이 버들가지에 꿰인 채 울고 있는 것이었습니다.

"내가 무심코 저지른 일로 인해 이 많은 개구리들이 해를 넘기도록 고통을 받다니…."

잘못을 크게 뉘우친 소년은 12세의 나이로 출가하여 모악산 숭제법사崇濟法師의 제자가 되었습니다. 진표가 숭제법사를 지성으로 모시고 지낸 지 10년이 되었을 때, 숭제법사는 진표를 불렀습니다.

"나는 일찍이 당나라로 들어가서 선도삼장善道三藏의 밑에서 수업하였고, 그 다음에는 오대산의 문수보살상 앞에서 지성으로 기도하여 문수보살로부터 직접 5계를 받았느니라."

"스님, 얼마나 부지런히 하면 불보살님께 직접 계를 받을 수 있습니까?"

"정성이 지극하면 1년이면 되느니라."

이 말씀과 함께 숭제법사는 『사미계법전교공양차제법沙彌戒法傳敎供養次第法』과 『점찰선악업보경占察善惡業報經』을 주면서 간곡히 당부하였습니다.

"너는 이 계법戒法을 지니고 미륵보살과 지장보살님 전에 참회하여 직접 계를 받아라. 그리고 그 계법을 세상에 널리 전하도록 하라."

진표 스님은 쌀 20말을 쪄서 말린 다음, 변산의 부사의방不思議房으로 들어가 쌀 다섯 홉을 하루 동안의 양식으로 삼되, 그중 한 홉을 덜어내어 쥐들에게 주었습니다. 그리고 스님은 미륵상 앞에 예배를 드리며 부지런히 계법을 구하였으나, 3년이 되어도 수기授記를 받지 못하였습니다.

이에 발분한 스님은 절벽 아래로 몸을 던졌는데, 갑자기 나타난 청의동자青衣童子가 스님을 손으로 받들어 절벽 위에 올려놓았습니다. 스님은 다시 결심하였습니다.

"내 몸이 부서지는 한이 있더라도 보살의 수기를 받으리라."

스님은 삼칠일(21일)을 기약하여 몸을 잊고 참회하는 '망신참亡身懺'을 시작하였습니다. 온몸으로 바위를 두들기듯 엎드려 절하면서 부지런히 참회한 것입니다.

3일째가 되자 스님의 손과 팔은 부러져 떨어졌습니다. 그러나 스님은 참회를 멈추지 않았습니다. 7일째 되던 날 밤에는 지장보살님께서 금장金杖을 흔들며 와서, 스님을 돌보아 손과 팔을 전과 같이 고쳐주고, 가사와 바루를 주었습니다.

스님은 지장보살님의 신령스러운 감응에 감동하여 더욱 열심히 참회했습니다. 마침내 삼칠일이 되던 날, 천안天眼을 얻은 스님은 미륵보살님께서 도솔천兜率天의 무리들을 거느리고 오는 모습을 보았습니다. 이때 지장보살님과 미륵보살님은 스님의 머리를 어루만지며 말씀하셨습니다.

"훌륭하다, 대장부여. 이렇듯 계를 구하기 위해 목숨을 아끼지 않고 참회하였구나."

그리고 지장보살님은 계본戒本을 주고, 미륵보살님은 나무로 만든 두 개의 간자簡子를 주면서 예언하셨습니다.

"그대가 지금의 몸을 버리고 나면 대국왕의 몸을 받았다가, 그 뒤에 도솔천에 태어나게 되리라."

말을 마친 두 보살님은 모습을 감추었습니다. 그 뒤 진표율사는 금산사·법주사·발연사 등지에 머물면서 해마다 계단戒壇을 열어 중생들을 크게 교화하였으며, 이 땅에 참회불교를 정착시켰습니다.

§

참회를 통하여 미륵보살로부터 직접 계를 받기를 원하였던 진표율사는 쉽사리 뜻을 이루지 못했습니다. 그러자 몸을 잊고 참회하는 '망신참'을 행하였고, 그 결과 삼칠일 만에 미륵보살과 지장보살님로부터 큰 가피를 입은 것입니다.

그런데 묘한 것은, 미륵보살로부터 계를 받고자 하여 미륵보살님께 예배를 하였는데, 지장보살님이 나타나서 가피를 내리고 보호를 하였으며, 또 계본戒本도 주었다는 점입니다. 이 속에 간직되어 있는 의미는 무엇일까?

그 까닭이 바로 선운사의 '도솔천 내원궁'에 미륵보

살 대신 지장보살님을 모신 두 번째 이유입니다.

 곧 진표율사에 의하면, 석가모니부처님의 특별한 부촉에 따라 후세 중생을 '책임지겠다'고 세 번이나 맹세한 지장보살님을 의지하고, 그 지장보살님 앞에서 참회하는 것이 미래에 미륵불의 세계에 태어나고 현세의 행복을 이루는 가장 바람직한 방법이라는 것입니다.

 이러한 특이한 신앙형태를 근거로 삼아, 진표율사와 그 맥을 이은 스님들은 도솔천 내원궁에 앉아 내세에 제도해야 할 중생을 관찰하고 계신 미륵보살님 대신, 선운사 도솔암의 '내원궁'에서처럼 지장보살님을 모셔서, 중생들로 하여금 미륵불의 용화정토에 태어날 수 있는 인연을 맺고 현세의 행복을 보장받을 수 있도록 하였던 것입니다.

 그렇다면 현세와 내생의 행복을 찾는 우리가 해야 할 일은 무엇이겠습니까? 그것은 참회입니다. 참회. 진표율사처럼 온몸이 부서지도록 참회를 하는 망신참亡身懺이 아니라도 좋습니다. 하지만 마음 속 깊이 뉘우치며 행하는 지심참회만은 잊지 말아야 합니다.

 지심참회至心懺悔! 그것은 무조건 '잘못했습니다' 라고 하는 것입니다. 우리가 다생多生에 지은 죄업을 무조건 참회하는 것입니다. 보통의 기도는 자신이나 가족의 행복 등 그 어떤 목적을 염원하며 하는 경우가 많습니다. 그러나 지심참회는 무조건 참회하는 것입니다. 그 어떤 자비에 연연하지 않고 무조건 '잘못했습니다' 라고 해야 합니다. 이것이 참다운 참회입니다.

'잘못했습니다.' 이 한 마디에 모든 것은 녹습니다. 모든 업장業障, 모든 이기심, 그 어떤 모순도 녹아내립니다. 비록 죄업이 가득 찬 사람이라 할지라도, 지장보살님의 원력과 자비를 생각하며 지심참회를 하면, 그 사람은 곧 지장보살님의 분신 중 하나가 되며, 그들이 바라는 모든 소원 또한 지장보살님의 원력 속에서 자연히 이루어지는 것입니다.

정녕 업장소멸과 행복하게 살기를 바란다면, 지장보살님을 향하여 지심참회하는 것이 가장 빠른 길이라는 것을 꼭 기억하시기 바랍니다.

나무지장보살님마하살

제2장

지장기도법

Ⅰ. 생활 속의 지장기도

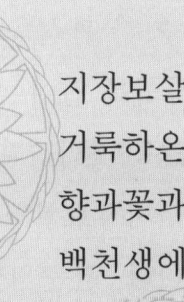

지장보살 그이름을 어떤이가 혹듣고서
거룩하온 형상앞에 지성다해 절을하고
향과꽃과 의복들과 음식갖춰 공양하면
백천생에 그지없는 즐거움을 누리리라

임신·출산·육아와 지장보살

　지장신앙에 있어 불자들이 가장 관심을 갖는 부분은, 지장기도를 통하여 어떻게 가피를 입어 소원을 성취하고 행복한 삶을 누리느냐에 있을 것입니다.
　그런데 정말 다행스럽게도, 지장보살님께 기도를 하여 얻는 가피는 뜻밖으로 큽니다. 단순히 현실 속에 찾아든 고난을 벗어나는 정도가 아니라, 태어나는 일에서부터 죽음 후의 내생에까지, 지장보살님께서는 우리와 늘 함께합니다.
　더욱이 『지장경』은 다른 경전과 달리, 태어나고 살아가고 일하고 수행하고 병들고 죽는, 인생의 여러 과정과 상황에 따른 구체적인 기도 방법을 일일이 밝히고 있습니다.

이러한 여러 기도 가운데, 먼저 『지장경』의 가르침에 준하여 생활 속에서 어떻게 지장기도를 할 것인가를 실제의 체험담과 함께 살펴보도록 합시다.

먼저 임신·출산·육아 등 자녀와 관련된 사항부터 살펴봅시다.

❊

1920년경의 중국에서 있었던 일입니다. 장씨張氏 집안으로 시집을 간 양벽원梁璧垣 거사의 딸은 광산 일을 하는 남편을 따라 고향에서 멀리 떨어진 하남河南 지방으로 가서 임신을 하였습니다. 차츰 해산할 날이 다가왔으나 외진 곳이라 해산을 도와줄 사람이 없었으므로 부부가 은근히 걱정을 하고 있었습니다.

그때 아버지께서 종이에 '나무지장왕보살南無地藏王菩薩'(중국에서는 지장보살님을 지장왕보살이라고 칭함)이라 써서 딸에게 보내며 당부하였습니다.

"매일 아침, 향을 피우고 지장보살님께 삼배를 올린 다음, '지장왕보살'의 명호를 부르면서 기도하여라. 반드시 순산하게 될 것이다."

딸은 아버지가 보내준 글씨를 벽에 붙이고 매일 아침

마다 열심히 기도하였더니, 조금도 고통을 느끼지 않고 아들을 순산하였습니다.

2년 뒤 그녀는 또 임신하였으며, 전과 같이 기도하여 아무런 고통 없이 딸을 낳았습니다. 두 아이의 상호는 매우 단정하였으며, 총명하고 착하였다고 합니다.

§

일본에서는 어려서 죽은 아이의 영가천도나 태중에서 죽은 태아의 천도를 위해 지장기도를 드리는 경우가 보편화되어 있습니다. 그리고 중국에서는 관세음보살이 훌륭한 자식을 점지하는 가피력을 많이 나타내고 있는 데 비해, 지장보살님은 자식을 고통없이 편안하게 낳을 수 있게 해 주는 보살님으로 인식되고 있습니다.

특히 『지장경』의 여래찬탄품에는 태어난 아기를 위한 기도법이 구체적으로 언급되어 있습니다.

"새로 태어난 아기가 남자이거나 여자이거나, 7일 이내에 이 불가사의한 경전을 읽어주고 지장보살의 명호를 1만 번 불러주면, 비록 과거 생의 허물로 인해 죄보罪報를 받을지라도 곧 해탈을 얻게 되며, 안락安樂하게 잘 자라고 수명이 연장되느니라. 만약 그 아기가 복을 받아 태어난 자라면 안락과 수명이 더욱 더하게 되느니라."

과연 이것이 사실일까? 그렇습니다. 실제의 여러 체험자 중 한 분의 이야기를 함께 음미해보도록 합시다.

❁

불교신행연구원 대구 혜림사慧林寺에 다닌 불자 중, 대구시 달서구의 용산동에 사는 황보살이 있었습니다. 그녀는 외모도 성품도 괜찮은 편이었지만, 남자에 대해서는 별로 관심이 없었습니다.

주위의 권고로 여러 번 선을 보았지만 어느 누구에게도 마음이 열리지 않았고, 가끔씩은 상대가 적극적으로 나와 사귀어 보겠다고 작정을 하면 이상하게도 여러 가지 변동사항이 생겨 자꾸만 깨어지는 것이었습니다.

어느덧 나이가 30대 후반에 이르자, 그녀를 아끼는 주변사람들의 걱정이 본인보다 더할 지경에 이르렀습니다.

38세가 되던 2007년 2월 8일, 황보살은 대구 혜림사에서 개최한 광명진언 백일기도에 동참하였고, 광명진언을 하루 3천 번씩 총 30만 번을 외웠습니다. 참으로 부처님의 가피 덕분인지, 백일기도가 끝나고 보름 정도 지났을 때 한 남자를 만났고, 곧이어 결혼을 하여 아기까지 잉태하였습니다. 그 이전까지 꽉 막혔던 혼사관계의 일이 몇 달 사이에 너무나 쉽게 풀려 다 이루어졌던 것입니다.

하지만 좋은 일만 있는 것은 아니었습니다. 임신 초기부터 유산증상인 피가 비치어 안정을 취해야 했고, 6개월 정기검진 때 병원을 찾았더니 의사가 말하였습니다.

"태반이 자궁 밑으로 내려왔습니다. 두고 봐야겠지만, 조심은 해야 합니다."

집으로 돌아온 황보살은 매우 조심하였지만, 오히려 가끔씩 배가 빵빵해지기까지 하였고, 7개월 정기검진 때 의사는 이상한 듯이 물었습니다.

"태반이 여전히 자궁 밑으로 내려와 있습니다. 이상한 증상은 없는지요?"

"며칠 사이에, 배가 한 번씩 빵빵해지는 것이 느껴졌습니다."

"7개월에 빵빵해지면 안 되는데요. 윗배입니까? 아

랫배입니까?"

"아랫배입니다."

"아랫배가 빵빵해진다는 것은 자궁수축이 시작되었다는 증거요, 조기출산의 징조입니다. 지금 아기가 나오면 인큐베이터에 넣어도 살릴 수 없습니다. 최소한 8개월은 되어야 살 수 있습니다. 이제부터는 배가 빵빵해지면 왼쪽으로 누우십시오. 다소 진정은 되겠지만, 계속 그러하면 즉시 병원에 오십시오."

집으로 돌아와 배가 빵빵해질 때마다 왼쪽으로 누워 조리를 하였지만 별 변화가 없었고, 당뇨수치까지 아주 높아지는 것이었습니다.

그때 혜림사의 도반들로부터 이 소식을 들은 나는 황보살에게 전화를 하여『지장경』을 읽을 것을 권하였습니다.

"옛부터 임신을 하여 불안감을 느끼거나 좋지 않은 조짐이 있을 때에는『지장경』독송을 하여 가피를 입은 일이 많습니다. 또『지장경』속에도 그러한 내용이 있습니다.『지장경』을 처음부터 끝까지 하루에 한 번씩 몸속의 태아에게 들려준다는 자세로 소리를 내어 읽으십시오. 단, 소리를 꼭 크게 낼 필요는 없습니다."

그리고 지장기도를 잘 할 수 있도록 체재를 잡고 기도법을 간략히 설명한 효림출판사의 『지장경』을 택배로 보내주었습니다.

황보살은 지장경을 받은 그날부터 하루 세 시간에 걸쳐 제1 도리천궁신통품부터 제13 촉루인천품까지를 읽었습니다. 유산기 때문에 단정히 앉지 못하고 옆으로 누워 외운 것입니다. 뱃속의 아기에게 들려준다는 마음으로….

그리고 속으로 '잘못했습니다' 하면서 천주를 쥐고 '나무지장보살'을 1천 번 염불했습니다.

약 열흘 뒤 병원을 찾았을 때 의사가 놀랍다는 듯이 물었습니다.

"아기가 다시 원래의 자리로 올라갔네요? 이제 안심해도 됩니다. 그동안 무슨 일이 있었습니까?"

황보살은 미소를 지으며 속으로 지장보살님께 감사를 드렸습니다. 그리고 하루 한 편씩 꾸준히 『지장경』을 독송하였는데, 8개월째 병원을 들렀더니 의사가 말하였습니다.

"산모의 나이가 많은 노산老産이고 그 동안의 상태가 좋지 않아, 당연히 제왕절개를 해야 하리라 여겼는데 자연분만을 해도 되겠습니다."

황보살은 『지장경』을 총 89편 외운 다음날인 2008년 6월 16일에, 진통 없이 편안하게 '나무지장보살'을 염하는 속에서 아들을 낳았습니다.

하지만 아기의 심장은 12mm정도의 구멍이 있었으며, 이에 대해 의사는 '자라면서 구멍이 작아질 수 있으니 계속 지켜보자'고 하였습니다. 또 아기의 밤낮이 뒤바뀌어 많은 피로감을 안겨 주었지만, 황보살은 아기에게 모유를 먹이며 정성을 다하였습니다.

그런데 40일 정도 지나자 모유가 차츰 줄어들더니 100일이 되기 전에 크게 줄었고, 가슴이 돌처럼 단단해지기 시작하는 것이었습니다. 아기는 배가 고파 계속 칭얼거리고….

황보살은 모유량을 늘리기 위해 별별 방법을 다 동원하였습니다. '모유량을 늘리는 맛사지'를 받아보기도 하고, '많이 먹으면 모유도 많이 나오겠지' 하면서 하루에 여섯 끼를 먹거나 한 시간 간격으로 먹어보기도 하였으며, 모유를 잘 나오게 한다는 돼지족발 등을 토하고 싶을 만큼 많이 먹기도 하였습니다. 하지만 모유는 점점 줄어들 뿐이었습니다.

그런데 아기를 낳은 뒤 107일째 되는 날, 황보살의 머리에 번쩍 스치는 것이 있었습니다.

'그래! 내가 아기를 가졌을 때『지장경』을 89편만 읽어 1백편 독송을 다 채우지 못하였다. 이제부터라도 나머지 11편을 마저 채우자. 시간이 없으면 하루에 1품씩이라도 읽어야지.'

이렇게 하여『지장경』을 다시 읽기 시작하였고 읽을 때마다 옆에 누운 아기에게 말하였습니다.

"아들아, 너를 위해『지장경』을 읽을 테니 잘 들어라."

그리고 총 13품인『지장경』을 하루에 1~3품정도 읽었습니다. 그야말로 참회와 감사의 마음으로…. 아기는 손가락을 빨다가도 경을 읽으면 끊임없이 따라 옹알이를 하였습니다.

그런데 정말 신기하게도 모유량이 늘어나기 시작하였습니다. 메말라가던 모유가 아기가 먹고도 남을 만큼 풍부해졌을 뿐 아니라, 밤낮이 뒤바뀌어 악을 쓰며 울던 아기도 그날부터 참으로 평안하게 잘 자는 것이었습니다. 그리고 아기의 심장에 난 구멍도 4mm정도로 줄어들었습니다. 황보살은 말하였습니다.

"1품이라도 잘 읽으면 만사형통인데, 바쁘다는 핑계로, 또 허둥대다가 『지장경』 1품 읽는 것도 다 채우지 못하는 날은 모유량이 다시 부족해지고 아기도 계속 칭얼대었습니다. 원장님, 『지장경』을 읽는 공덕이 이렇게 큰 줄 몰랐습니다. 아기를 잉태하고 키우는 분들 모두가 저와 같이 가피를 입을 수 있도록 이 공덕을 널리 알려 주십시오."

§

노산이었던 황보살. 그녀는 지장보살님의 가피로 고비를 참으로 쉽게 넘겼습니다. 그것도 자신의 기대 이상으로….

요즈음 우리나라에서는 자식농사에 온갖 방법을 다 동원하고 있습니다. 좋은 날 좋은 시에 태어나게 해야겠다며 멀쩡한 산모가 제왕절개 수술까지 받습니다. 그러나 내 자식에 대한 지나친 욕심보다는 생명의 흐름을 따를 줄 알아야 합니다. 오히려 태어남의 때를 순리에 맡기고, 지장보살님께 기도하면서 태교를 잘 하는 것이 더욱 바람직합니다.

그리고 새 생명이 태어난 참으로 좋은 그때, 성현의 경전을 읽고 성현의 명호를 외우거나 쓰면서 축원을 해

주면, 성현의 가피 아래 아기를 위해서나 그 가정을 위해 새로운 힘을 불러일으킬 수 있는 것입니다.

아기의 잉태를 바랄 때부터 시작하여, 아기가 태중에 있을 때, 아기를 낳을 때, 또 육아를 할 때까지 지장보살님의 가피는 끝없이 이어집니다.

그래서 나는 젊은 불자들에게 『지장경』의 독송과 지장기도를 두루 권하고 있습니다. 참으로 지장보살님의 영험은 진실불허眞實不虛하니, 인연 있는 분들은 꼭 실천해보기 바랍니다.

특히 위의 말씀은 부처님께서 하신 것이니, 어찌 한 치의 거짓이 있겠습니까? 『지장경』 독송과 1만 번 '나무지장보살' 염불이 결코 힘든 일이 아니니, 산모나 가족 중 한 분이 꼭 행하기를 바랍니다.

아울러 우리 불자들로부터 평소에 느낀 것을 한 마디 덧붙이고자 합니다.

대부분의 부모들은 자식이 귀하고 훌륭하게 되기를 바라기 때문에 자나깨나 근심걱정이 끊이지 않습니다. 물론 내 자식 잘 되기를 바라는 부모로서는 그 걱정을 쉽게 멈추지 못할 것입니다. 그러나 한 가지 사항만은 분명히 알아야 합니다.

걱정하는 마음으로는 자식이 잘 되지 못한다는 것입니다.

오히려 걱정보다는 축원을 해 주어야 합니다. 걱정은 아이 주위를 편안하지 못한 기운으로 감싸게 만들고, 축원은 그 아이 주위에 좋은 기운이 충만되도록 하기 때문입니다. 어찌 사랑하는 자식을 나쁜 기운 속에 있게끔 할 것입니까?

부디 자식에 대해 걱정되는 일이 있을 때, 걱정보다는 기도하고 축원을 해 주는 불자가 되기 바랍니다. 지장보살 또는 관세음보살을 외우면서 기도하고 축원을 하여, 그 분의 자비광명이 우리의 자식에게 임하도록 하여봅시다.

그 자비광명이 우리의 자식에게 미치고 있는데 굳이 걱정할 것이 무엇입니까? 꼭 걱정하는 마음을 축원으로 바꾸기를 당부드립니다.

평온한 삶을 위한 지장기도

『지장경』의 여러 곳에는 삶의 문제들을 미리 예방하여 평온한 삶을 이루는 지장기도법이 제시되어 있습니다. 평온한 삶이 무엇입니까? 큰 재물에 큰 명예에 큰 권력을 갖추어야 평온한 삶입니까? 먼저 한 편의 이야기를 음미해 봅시다.

❦

옛날 한 부자가 정성껏 먹을 갈아 선애仙崖 스님께 가훈으로 삼을 만한 글을 써 줄 것을 부탁하자, 선애스님은 붓을 잡고 여섯 글자를 거침없이 써내려갔습니다.
　　　　부사　자사　손사
'父死　子死　孫死'
'아버지가 죽고 아들이 죽고 손자가 죽는다'는 뜻의

이 글을 보고 부자는 경악을 금치 못해 스님께 따졌습니다.

"가훈으로 삼을 만한 글을 써 달랬거늘, 어찌 이토록 심한 장난을 하십니까?"

"좋은 구절인데 왜 그러시오?"

"좋은 구절이라니요? 모두가 죽는다는데 좋다고 할 사람이 어디 있습니까?"

"생각을 해 보시오. 만일 당신의 아들이 당신보다 먼저 죽으면 얼마나 비통하겠소? 또 당신의 손자가 당신 아들보다 먼저 죽는다면 어떻게 되겠소? 아버지가 죽은 다음 아들이 죽고 아들이 죽은 다음 손자가 죽는 이 속에 참된 행복이 있다는 것을 왜 모르시오? 부유한 당신에게 있어 이것 말고 달리 더 구할 바가 있습니까?"

설명을 들은 부자는 선애스님께 감사의 큰절을 올렸습니다.

§

부사父死 · 자사子死 · 손사孫死! 순리대로 사는 바로 이러한 삶이 행복한 삶입니다. 특별한 사고나 난치불치의 병이 없고, 의식衣食이 풍족하고 집안이 편안하면 그야말로 평온하고 족한 삶입니다.

그럼 어떻게 하여야 평온하고 족한 삶을 누릴 수 있는가? 『지장경』에서는 다음과 같은 두 가지 기도 방법을 제시하고 있습니다.

"날마다 지장보살님을 생각하면서 그 명호를 천 번씩 불러 천 일에 이르게 되면, 지장보살은 그 사람이 있는 곳의 토지신을 시켜 그의 목숨이 마칠 때까지 보호를 하느니라. 그렇게 되면 현세에 먹고 입을 것이 풍족해지고 질병이나 고통이 없어지며 횡액橫厄이 그의 집안으로 들어오지 못하게 되거늘, 하물며 그의 몸에까지 도달할 수 있겠느냐. 또 이 사람은 마침내 지장보살로부터 마정수기를 얻게 되느니라."

― 견문이익품

"미래세의 중생들이 매달 1일·8일·14일·15일·18일·23일·24일·28일·29일·30일의 십재일十齋日에 부처님과 보살님과 모든 성현의 존상 앞에서 이 『지장본원경』을 한 번씩 읽으면, 동서남북 백유순 내에서는 모든 재앙과 고난이 없어지며, 그가 사는 집안의 어른이나 아이가 현재 또는 미래의 백천세 동안 악도惡道에서 벗어나게 되느니라. 그리고 매달 십재일에 이 지장경을 한 번씩 읽으면, 현재의 집안에 모든 횡액과 질병이 사라지고, 먹고 입는 것이 풍족하게 되느니라."

— 여래찬탄품

이 기도법 중 앞의 것은 지장염불기도법이요 뒤의 것은 지장경 독송 기도법입니다. 이 둘 중에 하나를 택하여 꾸준히 행하게 되면, 지장보살님의 가피를 입어 횡액이나 질병을 예방하고 풍족한 의식 속에서 평온한 삶을 누릴 수 있다는 것입니다.

이것이 바로 '명훈가피冥熏加彼'입니다.

불자들이 흔히들 '가피를 입었다'고 하면 역경에 처했을 때 그 일을 해결하는 것을 지칭하는 경우가 많습니다. 그러나 더욱 좋은 가피는 불보살이 함께하여 은근히 보호하는 명훈가피입니다. 언제나 좋은 일이 함께하고 나쁜 일이 접근하지 못하도록 하는 것입니다. 바로 이러한 명훈가피 속에서 살 때 우리는 참된 행복과 평화를 누릴 수 있게 됩니다.

부디 다급한 일이 일어나야만 기도를 하고 매달리는 불자가 되지 말고, 저축하는 마음으로 평소에 꾸준히 기도를 하기 바랍니다. 한 손에 계수기 또는 1000알의 천주千珠를 쥐고 명호를 천 번 부르는 시간은 빠르면 10분, 천천히 불러도 20분이면 족합니다.

 이 짧은 시간을 투자하여 업장을 참회하고 지장보살님의 무한자비를 '나' 속에 담는다면, 어찌 우리의 삶이 복되고 평화롭게 바뀌지 않겠습니까? 지금 특별히 행하는 염불이나 독경이 없다면, 이 두 가지 기도법 중에서 하나를 택하여 꼭 실천해 보기를 감히 청하여 봅니다.

소원성취와 고난극복을 위한 지장기도

　기도祈禱는 절대적인 힘을 지닌 님에게 매달려 어려움을 극복하고 소원을 이루는 행법입니다. 곧 타력他力으로 스스로가 지은 업의 장애를 극복하고자 하는 것입니다. 그래서 '자등명 법등명自燈明 法燈明', 스스로를 등불로 삼고 법을 등불로 삼아 정진할 것을 가르치신 부처님의 자력自力 법문에 위배가 된다고 주장하는 이들도 있습니다.
　하지만 어떠한 존재도 중생인 이상에는 그 힘이 대단할 수가 없습니다. 평소에는 당당하던 이들도 시련이 주어지고 고난이 닥쳐 오면 어떠한 것도 할 수 없는 무기력한 존재가 되어버리기도 합니다.
　바로 그때, 나의 힘이나 나의 능력으로는 도저히 해

결할 수 없는 어려움에 처하였을 때 어떻게 하여야 합니까? 마냥 고난 속에서 몸부림을 치면서 살아야 합니까?

아닙니다. 그 어떤 힘을 불러일으키는 기도를 하여 고난을 넘어서야만 합니다. 남이 해 주는 기도가 아니라, 당사자인 나 스스로가 직접 기도를 하여 난관을 극복하여야 합니다.

어려운 현실만큼이나 간절한 기도를 하여 참회의 눈물이 흘러 넘치고, 잠깐이나마 자비의 님과 하나를 이루는 삼매에 젖어들면, 가피를 입어 능히 그 고난을 극복할 수 있게 되는 것입니다.

참회와 삼매. 이것이 바로 고난을 넘어서는 비결입니다. 지극한 참회로 녹이지 못할 업이 없고, 삼매를 이루면 반드시 통하게 되어 있기 때문입니다.

하지만 어려움에 달하였을 때 기도를 하지 못하거나 기도를 하고자 하여도 웬지 모르게 기도가 되지 않는 이는 그 업을 그대로 받게 되는 경우가 대부분입니다. 곧 기도는 절대적인 힘에 의지하는 것이지만, 주체적인 극복의 의지가 결핍되면 기도가 이루어지지 않는 것입니다.

그러므로 기도를 하는 이는 꼭 명심하여야 합니다. 기도는 '자력自力과 타력他力의 조화'라는 것을!

'중생을 구제하겠다는 불보살의 근본 서원력'과 '고난을 극복하겠다는 나의 의지'가 합하여져서 결실을 맺는 것이 기도성취인 것입니다. 부디 기도하는 이들은 이 원리를 잘 새겨두기 바랍니다.

이제 『지장경』의 내용으로 돌아가, 지장보살님의 가피를 입어 소원을 성취하기 위해서는 무엇을 해야 하는가를 살펴봅시다.

석가모니부처님께서는 설하셨습니다.

"만약 선남자 선여인이 현재와 미래의 세상에서 백천만억의 여러 가지 일들을 이루고자 하면 지장보살님의 형상 앞에서 귀의하고 예배하고 공양하고 찬탄할지니라. 여러 가지 소원이나 구하는 바가 모두 성취되느니라."
― 견문이익품

소원성취의 조건은 참으로 간단명료합니다. ① **귀의** ② **예배** ③ **공양** ④ **찬탄**이 모두이기 때문입니다.

귀의는 확실한 믿음으로 '나'의 마음을 바치면 되고, 예배는 '나'의 몸으로 한 배 한 배 정성껏 절을 하는 것입니다. 공양을 집에서 올릴 경우에는 향과 꽃으로 족하고, 절에 가서는 향·꽃·초·돈·쌀 등을 바치면 됩니다. 그리고 찬탄은 지장보살님께 감사하면서 지장보살님의 큰 서원을 닮아가고자 하면 되는 것입니다.

귀의·예배·공양·찬탄. 이 네 가지가 지장기도의 기본 요구조건입니다. 누가 이를 어렵다며 실천하지 못할 것입니까?

또한 『지장경』에서는 불치의 질병, 사업이 위기에 처했을 때, 감옥에 갇혔을 때, 사랑하는 이와 헤어졌을 때, 정신적으로 극히 피곤할 때, 갑자기 위기를 만났을 때, 매일 지극한 마음으로 지장보살님을 생각하며 1만 번을 염불하거나 『지장경』 한 번씩을 독송하게 되면 그 모든 재앙으로부터 해탈하게 된다고 하였습니다.

그 기간은 최소한 7일에서부터 21일·49일·100일로 정하는 경우가 많습니다.

이제 이와 관련된 영험담 두 편을 함께 음미해 보도록 합시다.

❀

　지금은 고인이 된 서울의 홍서주보살이 1978년에 체험한 일입니다. 당시, 그녀의 아들은 합판상을 경영하고 있었는데, 대리점으로부터 거래대금 300만원을 받지 못하고 있었습니다. 그 돈을 달라고 하자 대리점 사장은 묘한 제안을 하였습니다.

　"지금은 나의 자금사정이 좋지 않습니다. 하지만 이번에 한 건만 해결하고 나면 아주 괜찮아집니다. 1500만원만 융통해 주십시오. 300만원도 바로 드리고, 1500만원은 약속어음을 발행하여 500만원씩 세 달 동안 갚겠습니다."

　아들은 300만원을 받을 욕심으로 누나의 남편인 매형에게 1500만원을 빌려 대리점 사장에게 주었습니다. 뒤늦게 이 사실을 안 홍서주보살은 은행에 대리점의 신용을 알아보았더니 언제 부도가 날지 알 수 없다는 것이었습니다. 당시만 하여도 1500만원은 매우 큰 돈이었고, 잘못되면 딸의 가정에도 큰 회오리가 몰아칠 판이었습니다.

　특별한 방법이 없었던 홍서주보살은 지장기도를 시작하였습니다. 매일 오전 10시와 오후 10시에 지장보살예찬문을 독송하며 158배씩의 절을 올리고, '지장보살' 염불을 하였습니다. 자비하신 지장보살님께서 이 어려움을 막아주실 것을 확신하면서….

마침내 약속어음 500만원 1장의 기한이 돌아왔고, 그 전날밤 보살은 꿈을 꾸었습니다. 많은 조상들이 배를 타고 떠나려고 하는데 배가 진흙벌에 박혀 움직이지 않았습니다. 모두가 애를 태우고 있을 때 한복차림의 키가 훤칠한 남자가 나타나 배를 밀었고, 배는 물에 떠 순조롭게 바다로 나가는 것이었습니다.

그러나 은행에서는 오후 5시 10분 전까지도 입금이 되지 않았다고 하였습니다. 보살은 지난밤의 꿈을 생각하면서 꼭 도와주실 것을 믿고 속으로 소리쳤습니다.

'부처님, 감사합니다. 지장보살님, 감사합니다.'

드디어 5시가 되자 은행원이 묻는 것이었습니다.

"현찰로 드릴까요, 수표로 드릴까요?"

보살의 기쁨과 놀라움과 감사는 이루 다 말할 수가 없었습니다.

그 뒤에도 홍서주보살은 지장기도를 계속하였고, 두 번째 약속어음 날짜가 다가오자 또 꿈을 꾸었습니다.

아들이 큰 나뭇가지에 매여 있는 그네를 타고 있었습니다. 그런데 갑자기 한쪽 그넷줄이 끊어지기 시작하는 것이었습니다.

그네를 멈추려 하였지만 어찌나 힘차게 흔들리는지 잡을 수가 없었습니다. 마침내 그넷줄이 막 끊어지려는 순간, 지난 번 꿈에 배를 밀어주었던 남자가 나타나 나무 위로 뛰어오르더니 말을 하였습니다.

"손에 쥐고 있는 밧줄을 던져라."

어느새 보살의 손에는 밧줄이 쥐어져 있었고 그것을 던졌더니, 곧바로 받아 끊어지려는 그넷줄을 고쳐 매는 것이었습니다. 보살은 꿈속에서도 조이던 가슴을 손으로 쓸어내리며 좋아하였고, 두 번째 약속어음 500만원도 마감시간이 다 되어 해결되었습니다.

세번째에도 홍서주보살에게는 현몽이 있었습니다. 아들과 함께 산 속에서 길을 잃고 헤매고 있을 때 많은 사람들의 모습이 보였고, 그들을 따라가자 법당과 비슷한 넓은 방이 나타났습니다. 거기로 들어가 대중들과 함께 앉아있는데, 조금 지나자 모습이 매우 수려한 스님 한 분이 나타나 문밖에서 안을 살피더니 보살을 보고 손짓을 하며 불렀습니다.

"길을 잃어 집으로 갈 수가 없지? 이 길을 따라가거라."

보살과 아들이 가르쳐 준 길을 따라 조금 걸어 내려오자 아래쪽에 사는 동네와 집이 보이는 것이었습니다. 물론 세번째 약속어음도 잘 해결이 되어 1500만원을 모두 받을 수 있었습니다.

나중에 안 일이었지만, 그 대리점은 곧 부도가 나서 망하였다고 합니다.

❦

1996년 여름, 대구에 사는 40대 후반의 주부는 남편과 아이들의 뒷바라지에만 몰두하다가 자신이 유방암에 걸려 있다는 사실을 발견하지 못하고 있었습니다. 그녀가 병원을 찾아 진료를 받았을 때에는 유방암이 이미 말기에 이르러 수술로도 어떻게 해 볼 수 없는 지경에 이르러 있었습니다.

불자였던 그녀는 갑자기 찾아든 죽음의 그림자에 휩싸여 괴로워하다가 문득 결심을 하였습니다.

'그래, 어차피 인생은 한번 죽기 마련이다. 그리고 지금의 고통이 나의 죄업 때문이 아니더냐. 마지막으로

절에 가서 백일기도를 올리며 업장을 소멸하고 죽음을 편안히 맞이하자.'

가족들에게 자신의 뜻을 밝힌 그녀는 선운사 도솔암으로 찾아가 지장기도를 시작하였습니다. 아픈 몸을 이끌고 365개의 돌계단을 오르내리며 끼니때마다 식사를 하는 것도 쉽지 않았으므로, 하루 한두 끼만 먹으며 도솔암의 내원궁에서 지장보살의 명호를 부르고 힘닿는 데까지 절을 하였습니다.

"지장보살님, 이 중생이 지은 죄업을 참회합니다. 참회합니다."

23일째 되는 날 밤, 땀과 눈물로 온 몸이 흠뻑 젖은 그녀는 몸을 가누지 못해 쓰러지고 말았습니다. 그때 어디에선가 희미한 음성이 들려왔습니다.

"정신을 차려라. 저승사자가 기다리고 있는데 이렇게 잠만 자고 있어서야 되겠느냐?"

그리고는 불단 위의 지장보살님께서 내려와 가슴 뒤쪽의 등을 어루만지더니 대침大鍼으로 세 번을 찔렀습니다. 지장보살님께서 세번째 침을 빼는 순간, 그녀는 움찔하며 잠에서 깨어났고, 갑자기 가슴 주위가 시원해짐을 느꼈습니다.

같은 시각, 도량석을 하던 스님들은 내원궁으로부터 붉고 푸른 색의 빛이 하늘로 뻗쳐 오르는 것을 보고 환희의 예배를 올렸습니다.

그날 이후 그녀의 통증은 완전히 사라졌고, 예정했던 백일 기도를 마치고 다시 병원을 찾았을 때는 암에 걸렸던 자취조차 찾을 수가 없었습니다.

§

이들 이야기에서 우리가 꼭 새겨야 할 것은 참회와 감사입니다. 지장신앙의 근본경전인 『지장경』은 지장보살을 중심에 두고, 중생의 죄업과 고통과 참회와 해탈의 상관관계를 설하여 놓은 경전입니다.

곧 중생의 그릇되고 고통스런 현실은 과거의 죄업에서 비롯된 것으로, 참회를 통하여 지장보살님의 가피를 입으면 죄업이 녹아내리면서 해탈하여 원래의 편안함으로 돌아간다는 것입니다.

그러므로 지장기도를 하는 이의 초점은 참회에 맞추어져야 합니다. 지장보살님을 생각하고 명호를 외우거나 쓰면서 참회를 하다 보면, 그리고 한 배 한 배 절을 올리며 지장보살님과의 인연에 감사를 드리다 보면, 어느 순간 진한 눈물이 솟구치면서 업장의 밑바닥이 뚫어지는 것입니다. 그렇게만 되면 지장보살님께서는 꿈속에 나타나 가피를 내립니다.

그런데도 기도를 하는 많은 이들은 참회와 감사보다는 매달리기에 급급합니다. 물론 간절히 매달리는 것이 나쁜 것은 아닙니다. 하지만 받고 있는 고난의 원인이 죄업인 만큼, 참회하고 반성하고 감사하면서, 스스로가 새롭게 태어나고자 하는 원을 발하지 않으면 안 됩니다. 이기적인 기도보다는 참회하고 감사하고 새로운 원을 담아야, 새로운 삶이 싹트는 것입니다.

정녕 기도하는 이라면 '잘못했습니다', '감사합니다'라는 말이 쉽게 나와야 합니다. 그 다음에 '~하여 주소서', '~살겠습니다'라는 기원과 맹세가 뒤따라야 합니다.

이러한 기도 앞에는 어떠한 고난도 녹아내리고, 어떠한 어려움도 자취없이 사라집니다. 정녕 '참회와 감사'가 기도성취의 비결이거늘, 지장기도를 하는 이들이 이를 마다하여서야 되겠습니까?

한 분을 원불로 삼아 한결같이

 이제 신행생활을 하는 우리 불자들이 갈등을 일으키기 쉬운 한 가지 사항에 대해 당부를 드리고자 합니다.
 우리 불자들은 흔히 죽은 다음 극락에 태어나려면 아미타불을 믿는 것이 가장 좋고, 현실의 고통을 없애려면 관세음보살을 찾는 것이 좋으며, 병을 낫게 하려면 약사여래, 영가를 천도하려면 지장보살이 으뜸이라고들 합니다.
 그래서 젊은 시절에는 관세음보살을 신봉하다가도 늙으막에는 나무아미타불을 부르고, 영가천도를 한다면서 지장보살을 찾는 경우를 가끔 볼 수 있습니다. 그러나 모든 불보살의 세계는 하나로 통합니다. 아미타불을 염한다고 하여 현실의 고통을 벗어나지 못하는 것이 아니고, 관세음보살을 의지한다고 하여 영가천도가 되지 않는 것이 아니며, 지장보살을 신봉했다고 하여 극락에 가지 못하는 것이 아닙니다.

❀

 중국 당나라 때 화주華州 혜일사慧日寺의 법상法尚 스님은 원래 사냥을 즐겼으나, 지장보살님의 가피를 입어 사냥도구를 모두 버리고 37세의 나이로 출가하였습니다. 그리고 78세가 될 때까지 지장보살을 모시고 한결같이 수행하였습니다.
 스님이 입적하기 하루 전인 2월 23일, 지장보살님께서 모습을 나타내어 말씀하셨습니다.
 "그대는 미륵불께서 이 사바세계에 출현하여 용화수 아래에서 행하시는 3회의 설법 중 제2회에서 도를 깨치게 될 것이다. 이제 그대가 죽게 되면 미륵보살께서 계시는 도솔천에 태어나리라."
 "지장보살님이시여, 5욕락의 즐거움이 한량이 없다는 천상에 태어나 쾌락을 즐기다 보면, 도를 닦을 생각을 내기가 어렵다고 하옵니다. 그렇게 되면 부처를 이룰 날이 아득해지지 않겠습니까?"

"그렇다면 그대의 소원대로 하려무나. 그대는 어떠한 정토에 태어나기를 바라는가?"

"저는 물러남이 없이 정진할 수 있는 극락정토에 태어나기를 원하옵니다."

"그렇다면 하루낮 하루밤 동안 전심전력을 다하여 아미타불을 생각하고 불러라. 원대로 이루어지리라."

법상스님은 지장보살님과 나눈 대화를 대중스님들에게 말하고, 하루 밤낮동안 '나무아미타불'을 염불하며 극락왕생을 발원하였습니다. 그리고 대중스님을 불러 작별을 고하였습니다.

"나는 지장보살님의 인도로 원을 이루어 극락정토로 떠납니다. 스님들께서도 잘 정진하십시오."

그리고는 합장한 자세로 앉아 가벼운 미소를 머금은 채 조용히 입적하였습니다.

§

이 이야기 속의 주인공인 법상스님을 극락으로 인도하신 분은 아미타불이 아니라 지장보살님이십니다. 좋다는 불보살을 모두 믿고 따른다고 하여 더 큰 소득을 보게 되는 것이 아닙니다. 참으로 중요한 것은 우리의 한결같은 믿음과 원력과 노력일 뿐입니다. 그렇게만

하면 그 어떤 불보살이든 '나'의 소원과 함께 하십니다.

그러므로 여러 불보살님 가운데 한 분을 '나'의 원불願佛로 삼아 꾸준히 믿고 염불하고 마음을 닦아 삼매의 힘을 길러야 합니다. 누가 어떤 불보살이 좋다는 말에 동요되어 '나'의 원불을 바꾸지 말고, 꾸준히 한 분의 불보살을 신봉하기 바랍니다. 그렇게 한 분만 열심히 믿으면, 삶의 행복도 영가천도도 극락왕생도 모두 이루어지게 됩니다.

물론 각 신앙을 연계시켜 염불하고 수행하는 방법도 없지는 않습니다. 처음 믿음을 세울 때 지장보살을 염하고, 그 다음의 평소에는 관세음보살을, 마지막 회향 시기에는 아미타불을 염하는 것도 좋은 수행법입니다. 그러나 잘 지도해 줄 수 있는 스승이 없는 경우라면 한 분의 원불을 택하여 한결같은 믿음을 갖는 것이 바람직합니다.

하나를 잘 믿어 힘이 생길 때 모든 성취가 '나' 속에 깃드는 것이니, 부디 갈등을 일으키지 말고 지조있는 믿음을 갖기를 간절히 당부드립니다.

나무지장보살님마하살

Ⅱ. 영가천도기도법

지장보살 신묘위력 비할데가 가히없네
금색화신 지옥까지 고루고루 나투시어
누세종친 친척들을 남김없이 구제하고
극락정토 연화대로 왕생할 수 있게하네

광목녀의 서원

　불교의 수많은 불보살님 가운데, 영가천도에 있어 결코 빠뜨려서는 안될 '오직 한 분'이 있으니, 그 분이 비로 지장보살입니다.

　으뜸가는 천도의 권능자이신 지장보살. 그러나 지장보살님이 지옥·아귀·축생의 세계에 태어나 고통받는 중생을 구원하는 대보살이 된 것은 특별한 일 때문이 아니었습니다. 그것은 누구나가 경험할 수 있는 한 사건에서 비롯되었습니다. 효심이 있는 이라면 누구나 마음을 쏟게 되는 어머니의 죽음이 계기가 된 것입니다.

아득한 옛날, 청정연화목여래淸淨蓮華目如來께서 사바세계에 계시다가 열반에 든 다음, 한 분의 나한羅漢이 행복을 얻는 방법을 일러주며 중생을 교화하셨습니다. 나한은 중생의 자질과 인연에 맞추어 차례로 교화하던 중, 눈이 유난히도 아름답게 반짝이는 '광목光目'이라는 이름의 여인을 만나 음식을 공양받았습니다. 광목의 반짝이는 눈 속에 슬픔이 깃들어 있음을 간파한 나한은 물었습니다.

"무엇이 그대를 수심 속에 빠뜨리고 있는가?"

"저는 어머니께서 돌아가신 기일忌日에 복을 지어 어머니를 천도해 드리는 것이 원이옵니다. 하오나 어머니께서 어느 곳에 나셨는지를 알지 못합니다."

이를 가엾게 여긴 나한은 선정禪定에 들어 광목의 어머니가 태어난 곳을 관찰하였습니다. 광목의 어머니는 아주 나쁜 세상에 떨어져 큰 고통을 받고 있었습니다.

"그대의 어머니는 지금 지옥에서 큰 고통을 받고 있다. 살아 생전에 어떠한 업을 지었는가?"

"어머니는 평소에 물고기나 자라 따위를 먹기를 좋아하였습니다. 특히 조그마하고 어린 새끼들을 지지고 볶아 한껏 먹었으니, 그 생명의 수가 천만의 배는 될 것이옵니다. 존자시여, 부디 불쌍히 여기시어 저의 어머니를 구하여 주옵소서."

나한은 자비심을 발하여 어머니를 구제할 수 있는 방편을 광목에게 일러주었습니다.

"지극한 마음으로 청정연화목여래를 생각하라. 그리고 정성을 다해 청정연화목여래의 존상을 조성하거나 그려서 모시면, 산 사람과 죽은 사람 모두가 좋은 과보를 얻으리라."

가르침을 받은 광목은 그 즉시 부처님의 형상을 그려 모시고, 가장 아끼던 물건을 처분하여 부처님께 공양을 올린 다음, 공손한 마음으로 슬피 울며 예배를 드리다가 잠이 들었습니다. 새벽녘에 광목은 부처님의 꿈을 꾸었고, 부처님께서는 금빛 찬란한 광명을 놓으시며 광목에게 말씀하셨습니다.

"너의 어머니는 오래지 않아 네 집에 태어나게 되리라. 그리고 배고픔과 추운 것을 알 때쯤이면 곧 말을 하게 되리라."

과연 얼마 지나지 않아 광목의 집에 있는 한 종이 자식을 낳았는데, 사흘도 채 되지 않아 말을 시작하는 것이었습니다. 아기는 머리를 숙여 슬피 울면서 광목에게 말하였습니다.

"아, 생사의 업연業緣으로 무서운 과보를 받아 어둠 속에 빠져 있었도다. 광목아, 내가 바로 네 엄마다. 너와 헤어진 후 여러 차례 큰 지옥을 옮겨다니며 숱한 고초를 겪었는데, 너의 복력福力 덕분에 다시 사람의 몸을 받게 되었구나. 그러나 수명이 짧아 나이 열세 살이 되면 또 악도에 떨어지게 되어 있단다. 아, 두렵구나. 네가 어떻게 하든지 나를 이 고통에서 벗어나게 해 다오."

이 말을 들은 광목은 종의 자식이 어머니의 후신임을 확신하고 목메어 슬피 울면서 물었습니다.

"우리 어머니가 틀림없다면 본래 지은 죄업이 무엇인지를 알 것입니다. 어떤 죄업을 지었기에 악도惡道에 떨어졌습니까?"

"살생을 많이 하고 불법佛法을 헐뜯고 비방한 죄업으로 악도의 과보를 받았단다. 네가 복을 지어 나를 구제해 주지 않았더라면, 도저히 이 업보로부터 벗어날 수 없었을 것이다."

"생전의 죄업으로 인해 지옥에서 받은 고통은 어떠

한 것이었습니까?"

"그 고통은 백천년을 두고 말할지라도 다 할 수가 없다."

그 말을 들은 광목은 눈물을 흘리며 흐느끼다가 허공을 향해 말하였습니다.

"원하옵건대, 어머니를 지옥으로부터 영원히 벗어날 수 있게 하여 주옵소서. 인간세상에서 열세 살의 수명을 마친 다음에도, 다시는 무거운 죄로 인하여 나쁜 곳에 떨어지지 않게 하여 주옵소서. 시방세계의 모든 부처님이시여. 자비로서 저를 어여삐 여기시어, 제가 어머니를 위하여 발하는 넓고 큰 서원을 들어주옵소서."

광목은 무릎을 꿇고 서원을 발하였습니다.

"만약 저의 어머니가 영겁토록 삼악도와 인간세상에서의 천한 과보를 받지 않게 된다면, 저는 백천만억겁 동안 모든 세계에 있는 지옥과 삼악도에서 고통을 받고 있는 중생들을 맹세코 제도하여, 그들로 하여금 지옥·아귀·축생의 몸을 벗어나게 하겠나이다. 그리고 죄업의 과보를 받는 중생들이 모두 성불한 연후에 저는 정각正覺을 이룰 것입니다."

이렇게 광목이 서원을 발하자, 허공으로부터 청정연

화목여래의 음성이 들려왔습니다.

"장하다, 광목아! 큰 자비심으로 어머니를 위하여 참으로 훌륭한 서원을 발하였구나. 그 공덕으로 너의 어머니는 열세 살로 이 세상의 과보를 마친 다음 바라문으로 태어나 백 세의 수명을 누릴 것이다. 그리고 그 다음 생에는 근심걱정이 없는 무우국토無憂國土에 태어나 헤아릴 수 없는 수명을 누리다가, 불과佛果를 이루어 항하의 모래알만큼이나 많은 인간과 천상의 중생들을 널리 제도하리라."

이상의 이야기를 들려주신 석가모니불께서는 다음과 같은 말씀으로 매듭을 지으셨습니다.

"그때 나한의 몸으로 광목을 제도한 이는 지금의 무진의보살이요, 광목의 어머니는 해탈보살이며, 광목은 지금의 지장보살이니라. 지장보살은 과거 아득하고 먼 옛 겁부터 이와같이 중생을 사랑하고 불쌍히 여겨 항하의 모래알만큼 많은 서원을 세웠으며, 널리 중생을 제도하여 왔느니라. 미래 세상 중에 손가락 한 번 튕길 동안만이라도 지장보살에게 귀의한다면, 그 모든 중생은 삼악도의 죄보罪報로부터 벗어나게 될 것이니라."

『지장경』 염부중생업감품閻浮衆生業感品에 수록된 이 광목녀의 이야기를 자세히 음미하여 보십시오.

효녀 광목은 살아 생전에 살생을 좋아하였던 어머니를 대신하여 복을 지어드리고자 하였습니다. 복을 지어 어머니를 천도시키고자 하였던 것입니다. 그러나 어머니의 태어난 곳을 알 수 없어 주저하다가, 나한님의 도움을 받아 어머니가 지옥에 떨어졌다는 사실과 어머니를 구제할 수 있는 방편을 얻게 됩니다.

이에 광목은 부처님의 탱화를 그려 모시고 공손한 마음으로 예배를 드리면서 어머니를 천도해 줄 것을 아뢰었습니다. 그러나 광목은 북받치는 슬픔을 억제할 수가 없어 눈물을 흘리며 예배를 드리다가, 자신도 모르는 사이에 잠이 들고 말았습니다.

그때 부처님께서 나타나, 어머니가 광목의 집안에 태어날 것임을 일러주셨습니다. 어머니를 위해 복을 닦는 효녀 광목의 간절한 정성이, 어머니를 대지옥에서 구제하여 인간의 몸으로 다시 태어나게 한 것입니다.

그러나 죄업에 대한 무서운 과보는 부처님의 자비와 딸 광목의 선행만으로는 다 녹일 수가 없었습니다. 열세 살로 세상 인연이 다하면 다시 지옥의 무서운 과보를 받아야 한다는 것이었습니다. 이러한 어머니를 위해 광목은 시방세계의 모든 부처님께 서원을 합니다. 무릎 꿇고 눈물을 흘리며 맹세를 한 것입니다.

'어머니가 삼악도와 인간 세상에서의 천한 과보를 길이 벗어날 수 있다면, 백천만억겁 동안 지옥 · 아귀 · 축생의 세계에 떨어져 고통받는 중생들을 모두 제도하겠다'는, 참으로 어마어마한 맹세를 한 것입니다.

그 맹세로 인해, 다시 지옥에 떨어졌어야 할 어머니는 백 세의 수명을 누리는 바라문의 몸을 받았다가, 근심걱정이 전혀 없는 무우국토에 태어나고, 더 후에는 부처가 되어 수많은 중생을 제도하게 된다는 청정연화목여래의 수기授記를 받기까지 하였습니다.

이것이 바로 지장보살 천도의 시작입니다.

그 뒤 지장보살님의 삼악도 중생구제, 곧 영가천도의 능력을 기르기 위한 노력이 끝없이 이어졌고, 마침내는 영가천도의 대신력大神力과 대자재력大自在力을 성취하게 되었습니다. 손가락 한 번 튕길 동안만이라도 지장보살님께 귀의하면 어느 누구도 삼악도의 죄보를 벗어나게 할 수 있을 만큼….

천도를 위한 지장보살의 가르침

 그럼, 천도의 으뜸인 지장보살님께서 가르치는 천도법은 어떠한 것인가? 그 해답은 『지장경』속의 여러 곳에 수록되어 있습니다. 특히 『지장경』 총13품 중, 제6 여래찬탄품如來讚歎品과 제7 이익존망품利益存亡品, 제12 견문이익품見聞利益品에서는 천도를 위해 임종시에 해야 할 일과 49재 기간 동안의 행법, 그 뒤의 천도법에 대해 자세히 설하고 있습니다. 이를 토대로 하여 지장보살의 천도법을 정리해 보고자 합니다.

1) 편안한 임종과 천도

 세상 사람들은 누구나 편안하게 죽음을 맞이하기를

원합니다. 그러나 업보중생인 이 세상 사람들의 죽음은 그리 순탄하지만은 않습니다. 집 밖에서 죽는 객사客死의 경우만 불행한 죽음이 아닙니다. 집에서도 유언 한 마디 남기지 못한 채 갑자기 죽는 이들이 있고, 삶도 죽음도 아닌 상태로 오랫동안 병상에서 지내는 사람도 있습니다.

또 죽음에 임박하여 나쁜 귀신이나 먼저 세상을 떠난 가족 친족이나 도깨비 등에게 시달려, 소리치고 신음하고 괴로워하는 이들도 있습니다. 심지어는 선행을 많이 닦은 사람까지도 임종의 시간에 나타난 귀신이나 선망조상들에게 이끌려 악한 세상으로 흘러가게 된다고 합니다.

임종을 앞둔 사람은 정신이 아득하여, 선과 악을 분별하기 어렵고 눈과 귀로 똑똑히 보고 바로 들을 수가 없기 때문에, 그릇된 힘에 의해 이끌려 가고 마는 것입니다.

그러므로 임종의 순간은 매우 중요합니다. 그 중요한 순간에, 가족들은 임종을 앞둔 이에게 '지장보살'의 명호를 들려주어야 합니다. 『지장경』에서 부처님은 다음과 같이 말씀하셨습니다.

"만약 현재와 미래의 모든 세계 육도 중생이 목숨을 마치려 할 때 지장보살의 명호를 들려주어서 한 소리라도 귓가에 스치게 하면, 이 모든 중생은 영원히 삼악도의 타는 듯한 괴로움을 겪지 않게 되느니라. 하물며 부모나 가족들이 지장보살의 형상을 조성하거나 탱화를 그려 임종자의 눈으로 보게 한다면 더 말할 것이 없느니라.

그 동안의 죄업으로 마땅히 악도에 떨어져야 할 사람일지라도, 이러한 공덕 덕분에 모든 죄와 업장이 소멸되어 천상에 태어나고 뛰어난 즐거움을 누리게 되느니라."
― 견문이익품

이토록 임종의 순간은 중요합니다. 그러므로 임종자를 눈앞에 둔 가족들은 이별의 슬픔에만 사무쳐서는 안 됩니다. 슬프다고 소리쳐 울어서도, 애석하다고 망령되이 행동해서도 안 됩니다. '나'의 감정은 모두 접어 두고, 오로지 임종자가 지장보살님께 잘 귀의할 수 있도록 해주어야 합니다. 그 방법을 간단히 정리하여 봅시다.

① 임종자의 방에 지장보살의 그림이나 사진을 모시

고 그 앞에 좋은 향을 피웁니다. 그림이나 사진을 구할 수 없으면 '대원본존지장보살'이라는 글씨를 써서 모셔도 좋습니다.

② 만약 임종자의 의식이 또렷하다면 먼저 『지장경』을 읽어주는 것이 좋습니다. 경전을 읽어주면 믿음이 생겨나고, 믿음이 있으면 스스로 지장보살님께 귀의할 수 있기 때문입니다. 단, 이 경우에는 한문이 아닌 한글본 『지장경』을 읽어주어야 합니다.

③ 그리고 임종자가 지장보살을 염하며 떠날 수 있도록 도와주어야 합니다. 따라서 가족이나 친척 등은 임종자가 염불을 놓치지 않게끔, 함께 '지장보살'을 부르거나 염불 테이프를 들려주어야 합니다.

④ 특히 주의할 점은 임종자의 숨이 끊어졌음을 확인하고 나서, 곧바로 통곡을 하거나 손발을 거두거나 자리를 움직이지 말라는 것입니다. 적어도 한 시간, 길게는 여덟 시간 가량을 그대로 모셔두고 '지장보살'을 염송해 주어야 합니다. 이는 신식神識이 몸을 완전히 빠져나가 몸이 완전히 차가워지는

데까지 걸리는 시간을 이야기한 것입니다.

　이렇게 가족 등이 정성껏 염불을 하면서 임종자의 명복을 빌게 되면, 임종자는 악귀의 유혹에 시달림이 없이 지장보살의 인도를 받아 좋은 세상으로 직행을 할 수 있게 됩니다.
　사후에 거창한 재를 지내면서 영가를 천도하는 것도 중요하겠지만, 임종의 순간에 잘하면 더욱 좋은 결과를 얻을 수 있으니, 슬픔에 빠지거나 당황해 하지 말고 잘 염불해 줄 것을 당부드립니다.
　나아가 『지장경』에서는, 임종자를 위해 『지장경』의 독송과 지장보살의 염송만을 고집하지 않고 있습니다. 평소에 아미타불을 염하였으면 '나무아미타불'을, 관세음보살을 외웠으면 '관세음보살'을 염송할 것을 가르치고 있습니다. 살아 생전에 심은 인연 따라, 경전을 읽고 염불을 할 것을 권한 것입니다.
　이 넉넉한 가르침의 뜻을 잘 새겨, 떠나는 이를 좋은 세상으로 천도하기 위해 유가족들은 최선을 다함이 마땅합니다.

2) 49재 기간 동안의 행법

불교에서는 죽은 이가 49일 동안 중음中陰의 세계를 떠돈다고 합니다. 이 '중음'은 새 생명을 받기 전의 어둠의 세계라는 뜻입니다.

영가는 이 49일 동안 어둠 속에서 어리석은 귀머거리처럼 떠돌다가, 살아 생전의 업력業力에 이끌려 새로운 몸을 받는다고 합니다. 이를 불교의 여러 경전에서는 보다 쉽게 설명하기 위하여, '염라대왕 앞에서 생전의 업에 대한 심판을 받고 태어날 세상을 정하게 된다'고 표현합니다.

대부분의 영가들은 중음의 세계를 떠도는 그 49일 동안, 가족이나 친척들이 복을 지어 자신을 구제해 주기를 간절히 바란다고 합니다. 그 기간 안에 가족이나 친척이 영가를 위해 복을 지어주면, 그 복이 영가의 것이 되어 해탈을 얻게 되기 때문이라는 것입니다.

그럼 어떻게 하여야 영가를 위해 복을 지어줄 수 있을까? 『지장경』에서는 그 방법으로 두 가지를 제시하고 있습니다.

① 하루 · 이틀 · 사흘 · 나흘에서 칠일에 이르도록

불보살님께 공양을 올리고 영가를 위해『지장경』을 읽으면서, 좋은 세상에 태어날 것을 축원해 주는 것입니다.
② 지장보살의 상이나 그림 앞에서 하루에서 칠일에 이르도록 지장보살의 명호를 부르며 예배 공양을 하게 되면, 영가가 해탈을 얻어 인간과 천상에 태어난다고 합니다.

이를 오늘날의 49재에 적용시켜 봅시다.

영가를 잘 천도시키기 위해서는 남아있는 유족들이 49재 기간 동안 정성을 다하여야 합니다. 그 정성의 시작은 무엇인가? 매일 영가의 혼백 앞에 상식上食을 올리는 일입니다.

요즈음은 절에서만 재를 지내고 집에서 상식을 올리지 않는 불자들이 많지만, 이는 잘못된 풍습입니다. 이 상식은 꼭 올려야 합니다. 돌아가신 우리의 아버지 어머니들을 배고픈 영가로 만들어서는 안되기 때문입니다.

상식을 올릴 때는 특별한 음식을 준비하지 않아도 됩니다. 집안에서 가족들이 먹는 음식 그대로를 상에 차리면 되므로 꼭 상식을 올리기 바랍니다.

이렇게 아침마다 상식을 올리고 나서, 아침에는 『지장경』 한 편을 정성껏 읽어드리고, 저녁에는 30분이나 한 시간 가량 '지장보살'을 염송하면서, '영가가 지장보살님의 가피를 입어 좋은 세상으로 나아가지이다' 하는 축원을 해주면 됩니다.
　나아가 절에서 7일마다 한번씩 일곱 번의 재를 올리며 영가를 위해 공덕을 쌓아주면, 어찌 그 영가가 좋은 세상에 태어나지 않겠습니까? 실로 효성을 다하고 은혜를 은혜답게 갚을 수 있는 이 49재 기간동안을 헛되이 보내지 않기를 꼭 당부드립니다.

3) 선망 조상 등의 천도

　오래 전에 세상을 하직한 조상이나 임종 후 재를 지내주지 못한 부모님 등이 있을 때는 어떻게 천도를 해주어야 하는가?
　『지장경』에서는 21일 동안 지장보살상이나 그림 앞에서 지장보살의 명호를 부르며 총 1만 번의 절을 할 것을 권하고 있습니다. 곧 하루 5백 번 정도의 절을 하면서 선망조상이나 먼저 떠난 가족들을 천도해 주라는 것입니다.

이렇게 천도를 하면 지장보살님이 꿈에 나타나 영가가 새롭게 태어날 곳을 일러주거나, 영가 스스로가 나타나 새 세상으로 나아가는 모습을 보여준다고 합니다.

이와 관련된 이야기 한 편을 살펴봅시다.

❀

약 20년 전, 서울에 사는 법연거사는 40대 중반에 이르러 조상님을 공경하고 공양하는 일이 중요하다는 것을 깨닫고, 조상의 영가천도와 누이동생의 임신을 기원하며 백일 지장기도를 시작하였습니다. 누이동생이 결혼을 한지 10년이 넘도록 아기를 갖지 못하여 불화가 잦았고, 자주 친정으로 쫓겨오기도 하였기 때문입니다.

법연거사는 매일 진관사의 지장보살님께로 나아가『지장경』총 13품 중 1품 또는 2품을 읽은 다음,〈지장보살예찬문〉을 읽으며 158배를 드렸습니다. 그리고 30분 정도 일심으로 '지장보살'의 명호를 외웠습니다.

이렇게 매일같이 지장기도를 한지 80일 가량이 되었을 때, 아기를 갖지 못했던 누이동생이 임신을 했다는 소식이 있었습니다. 그리고 백일기도를 끝마치는 날

새벽녘에 참으로 묘한 꿈을 꾸었습니다. 꿈에 보통보다 약간 작은 키에 남루한 한복 차림의 노인이 나타나 말을 하는 것이었습니다.

"나는 장호원 할아버지다. 너의 덕을 입어 좋은 곳으로 가게 되었기에 고맙다는 인사를 하러 왔다."

하지만 법연거사는 그 노인을 본 적이 없었고, 집안 어른들로부터도 장호원에 조상이 살았다는 말도 들어보지를 못하였으므로, 의아해 하며 물었습니다.

"누구신지요? 저는 감사의 인사를 받을 만한 일을 하지 않았습니다."

그러자 노인은 서울 장위동에 살았던 법연거사의 아저씨를 데리고 와서 말하였습니다.

"이 사람이 내 손자다."

그리고는 조금 있다가 포졸 두 사람이 나타나 노인을 모시고 나갔다가 돌아왔습니다. 노인은 이미 남루한 한복 대신 찬란한 장군복으로 바꾸어 입고 있었습니다.

노인은 거듭 법연거사에게 '고맙다'는 인사를 하였고, 포졸들도 합장하고 정중히 인사를 한 다음 노인을 모시고 사라졌습니다.

너무나 실감나는 꿈을 꾼 법연거사는 집안에서 가장

나이가 많은 당숙모에게 전화를 하여 '장호원 할아버지'에 대해 물었습니다.
"그와 같은 할아버지가 계셨다는 말은 들었으나 나도 뵈온 적은 없다. 네가 그 할아버지를 어떻게 아느냐?"
이렇게 법연거사는 지장기도를 통하여 집안의 근심이었던 누이동생의 임신을 도왔고, 가족들에게 완전히 잊혀져 있었던 선대 조상을 천도하였던 것입니다.

§

지장보살님의 가피 속에서 천도를 이룬 예는 이밖에도 수없이 많습니다. 그런데도 여기에서 구태여 법연거사의 예를 든 것은, 선대 조상의 천도를 위한 법연거사의 기도방법이 훌륭한 모델이 될 수 있기 때문입니다.

기한을 1백일로 정하여 매일같이,
① 『지장경』을 1~2품씩 독송함.
② 〈지장보살예찬문〉을 읽으며 예찬문 속의 불보살님과 지장보살님께 158배를 올림.
③ '지장보살'을 30분 동안 염불함.

이렇게 하면 독경과 절과 염불을 골고루 함께 잘 할 수가 있습니다.

『지장경』의 가르침대로 21일 동안 지장보살을 부르며 하루 5백 번 정도씩 절하는 것도 좋은 방법이겠지만, 법연거사가 행한 지장기도법도 예부터 전해져 오는 지장기도의 한 유형이므로 특별히 권하는 바입니다.

실로 지장기도를 통한 영가천도의 공덕은 죽은 이에게만 미치는 것이 아닙니다. 영가보다는 오히려 천도를 지내주는 이가 더 큰 공덕을 얻게 되고 더 큰 행복을 누리게 됩니다.

『지장경』에서는 그 전체 공덕의 7분의 1은 죽은 사람이 얻고, 7분의 6은 산 사람이 얻는다고 하였습니다. 어떻게 이러한 일이 가능한 것인가?

그 원리는 간단합니다. 천도가 지극한 효심의 발로이기 때문입니다. 참된 효심이 법계에 가득한 행복의 기운을 끌어당겨 그 행복을 우리의 것으로 만들어 주기 때문입니다.

불자들이여. 지금이라도 천도해드려야 할 영가가 있다면, 마음을 다잡고 지장보살님께 귀의하여 정성껏 천도를 하여 보십시오. 끝없는 용서와 사랑의 지장보살님께서는 우리의 원을 반드시 들어주실 것입니다.

나무 대원본존 지장보살

Ⅲ. 종합적인 지장기도

어떤이가 모든고통 벗어나기 원한다면
모름지기 지장보살 거룩한 뜻 생각하며
경외우고 사경하고 지성다해 예배하면
소원성취 물론이요 업장 쉽게 소멸되네

어느 비구니 스님의 지장기도

"지장보살은 모든 중생을 성숙시키기 위하여 매일 아침마다 깊은 선정에 들어 일체 중생의 소원을 관찰하십니다. 그리고 선정에서 깨어나 백천만억 분신을 보내어 그 중생들을 안락하게 하고 이롭게 하십니다. 밝고 맑고 걸림없는 빛이 가득한 지장보살의 분신이 모습을 나타내면 중생의 미혹과 집착과 괴로움들은 홀연히 사라지고 풍요와 자재와 원만함이 가득하여집니다."

이는 『지장십륜경』에 수록되어 있는 내용입니다. 고해苦海 속에서 한 치 앞을 내다보지 못하고 사는 우리 중생의 입장에서 볼 때 어찌 뿌듯하고 든든한 마음이 샘솟지 않겠습니까?

 우리는 이제까지 지장보살이 어떠한 분이며, 지장보살의 근본서원과 현세이익, 처해진 상황에 따른 여러 가지 지장기도법과 영가천도기도법 등을 살펴보았습니다.

 이 장에서는 처해진 여러 가지 상황에 모두 적용될 수 있는 '종합적인 지장기도법'에 대해 살펴보고, 글 전체를 마무리하고자 합니다.

 먼저 이 종합적인 기도법을 실천하여 생각 이상의 가피를 입었던 한 비구니 스님의 체험담부터 함께 살펴보도록 합시다. 필자가 잘 알고 있는 이 스님께서 "이름만은 밝히지 말라"고 하셨으므로, 여기에서는 '운호'라는 가명을 쓰고자 합니다.

      ❀

 어려서부터 몸이 유난스레 약하였던 운호스님은 주위로부터 나이 삼십을 넘기기 힘들 것이라는 말을 많이 들었습니다. 자주 병원 신세를 지면서 근근히 학교를 졸업하고 몇 년동안 직장을 다니다가, 결혼적령기에 '영원 생명'을 찾는 공부를 하고 싶어 절로 출가를 하였습니다.

출가 후 스님은 대만으로 유학을 가서 학사학위와 석사학위를 취득하고, 귀국하여 다시 강원공부를 마쳤습니다. 그러나 부처님의 가르침이 완전한 '나'의 것이 되기보다는 겉을 맴돈다는 느낌을 저버릴 수 없었습니다. 공부를 더 하고 싶었던 운호스님은 다시 대만으로 갔습니다. 그러나 약하기 그지없었던 몸은 공부하고자 하는 마음을 따라주지 않았습니다.

'내가 정녕 출가사문일진대는, 내 모습을 보는 이나 내 이름을 듣는 이가 환희심을 내어야 마땅하다. 그런데 이렇게 병약하고 무능한 나를 보고 누가 신심을 낼 것인가? 나는 오히려 주위사람들에게 걱정만 끼치는 존재가 아닌가?'

이렇게 슬픈 생각에 잠겨있던 스님은 때마침 대만에서 유행하고 있던 점찰법(占察法:십악과 십선을 적은 윷같은 모양의 木輪을 던져 전생의 업을 알아보는 법)을 행하였습니다.

스님은 『점찰선악업보경』에서 설한대로, 지장보살님의 명호를 열심히 부른 다음 목륜木輪을 던졌습니다. 그러자 '살생업'이 많다는 괘가 나왔습니다.

'아, 살생을 많이 한 자는 몸이 약한 과보를 받는다고 했거늘, 나의 몸이 약하고 자주 아픈 것이 전생의 업보라는 것을 왜 깨닫지를 못하였던고? 지금 내가 해야 할 것은 그 무엇보다도 죄업을 참회하여 업장을 소멸시키는 일이다.'

출가한 후 10년 동안 제대로 기도 한번 못하였던 지난날을 돌아보며 스님은 지장기도를 할 것을 결심하였습니다.

그리고 그 방법으로 택한 것이
① 지장경을 처음부터 끝까지 1번 독송하고
② '나무지장보살'을 1천 번 부른 다음
③ 〈지장보살예찬문〉을 외우며 158배를 한다.
④ 그리고 〈지장보살예찬문〉의 끝부분에 이어 '지장보살' 1천 번을 부르며,

기간은 21일로 정하였습니다.

스님의 기도 목적은 업장참회에 있었습니다. 그런데 막상 기도를 시작하자, 원래의 기도 목적과는 달리 집안의 조상들이 꿈에 보이기 시작하였습니다.

이에 스님은 7일마다 한번씩 간단한 음식을 마련하여 불보살님과 조상님, 그리고 유주무주고혼有主無主孤

魂들께 시식施食 공양을 올리기로 하였습니다. 그러자 첫 7일째, 조상들이 흰 옷을 입고 공양을 받으러 오는 것이었습니다.

이에 두 번째 7일과 세 번째 7일에는 '변식진언變食 眞言'을 외우며 영가들에게 공양을 올리는 것을 관상觀 想하였습니다. 음식을 적게 마련하였을지라도 진언을 외우며 관상을 하면 부처님의 위신력에 의해 그 음식이 크게 늘어나기 때문이었습니다.

그렇게 관상을 하여서인지 스님은 공양이 차츰 뷔페 식으로 바뀌는 꿈을 꾸었습니다. 조상님들은 상을 차려 놓은 특별실에서 공양을 들고, 유주무주고혼들은 아주 큰 홀에서 뷔페식으로 공양을 하는 모습이 보이는 것이었습니다.

그리고 세번째 7일날에는 모두가 음식을 먹고 천도가 되는 꿈을 꾸었습니다. 이렇게 스님은 영가천도라는 부수적인 가피를 입은 것입니다.

가피를 입어 환희심이 가득하였던 스님은 기도기간을 백일로 늘여 잡고 더욱 마음을 모아 기도하였는데, 30일째 되는 날 또다시 꿈을 꾸었습니다.

스님은 지장보살님께서 머물러 계신다는 어느 절로

들어가려 하였습니다. 그러자 우락부락하고 험상궂게 생긴 마구니, 요상하게 생긴 마구니, 심지어는 외국 비구니의 모습을 띤 마구니까지 입구에 일렬로 늘어서서 들어오지 못하도록 막는 것이었습니다. 이에 스님은 장삼을 크게 휘둘렀고, 그 순간 모든 마구니들은 땅바닥에 엎드리며 항복을 하였습니다.

스님이 당당한 걸음으로 절문 안으로 들어서자, 허공으로부터 소리가 들려왔습니다.

"수각水閣에서 손을 씻어라."

말씀에 따라 수각에 들어가 손을 씻자, 오른손을 씻은 물은 새까맣게 변하였고, 왼손을 씻은 물은 반쯤 까만 회색빛이 되었습니다.

'아! 몸으로 지은 신업身業이 소멸되었구나.'

살생 등의 나쁜 짓을 주로 저지른 것이 오른손이었기에 그 씻은 물이 새까만 색, 왼손은 오른손을 도와 나쁜 업을 짓는 보조역할을 하였기에 그 씻은 물이 회색임을 깨달은 것입니다. 이렇게 손을 씻고 신업의 소멸을 느끼고 나자 스님의 몸은 한없이 가벼워졌고, 꿈 속에서 허공을 훨훨 날아다니게 되었습니다.

또 며칠이 지나 35일째 되는 날, 운호스님은 한국의

Ⅲ. 종합적인 지장기도 153

여러 스님으로부터 사미니계를 받는 꿈을 꾸었고, 65일째 되는 날에는 비구니계를 받는 꿈을 꾸었습니다.

이것이 자서수계自誓授戒입니다. 불교의 여러 경전에서는 스스로가 지극한 정성으로 참회하고 발원하여 꿈 속에서 불보살님으로부터 직접 수계를 받는 자서수계법을 설하고 있는데, 운호스님은 이 법에 의해 수계를 받아 마친 것입니다.

그리고 백일 기도를 회향하는 날, 스님은 참으로 의미심장한 꿈을 꾸었습니다.

수많은 사람들이 치료를 받는다며 노천온천이 있는 지하로 들어가고 있었습니다. 스님도 그곳으로 가고자 하였으나, 줄이 너무나 길어 어떻게 해야 할지 당황하며 서 있었습니다. 그때 마침 대만에서 함께 공부를 했던 비구니가 앞쪽에 서 있는 모습이 보였고, 그 비구니는 스님을 손짓하여 부르더니 자기 앞에 서도록 하였습니다.

마침내 노천온천으로 들어갈 순서가 되었을 때 대만 비구니는 온천물 속으로 들어갔습니다. 그러나 운호스님은 왠지 모르게 많은 사람들이 누워 있는 물 속으로 들어가기가 싫어 밖에서 서성거리고 있었습니다.

스님은 주위를 살피다가 조금 떨어진 반석 위에 까만 옷을 입고 앉아 계시는 아는 처사님을 발견하였습니다. 처사님은 8년 동안 지장기도를 한 분이었습니다. 그분 앞으로 가서 아래의 옷을 모두 벗은 다음 쭈그리고 앉자, 처사님은 스님의 입 바로 밑쪽을 한동안 바라보다가 말씀하셨습니다.

"여기에 악귀가 붙어 있노라."

그리고는 여드름을 짜듯 두 손가락으로 입 밑을 누르자, 고름이 양쪽으로 뻗어나가는 것이었습니다.

"이제 되었다. 앞으로는 삿된 생각만 조심하면 되느니라."

운호스님은 그 말씀 끝에 입으로 지은 구업口業이 소멸되었음을 느꼈습니다. 또한 '삿된 생각만 조심하라'는 것은 의업意業을 조심하면 된다는 깨우침이었습니다.

환희로움이 온 몸을 감싸고 도는 것을 느끼면서 스님은 벗어 놓은 옷을 입은 다음, 허공을 날아 2층 건물의 옥상에 올라섰습니다. 그곳에는 스님보다 키가 두 배나 큰 분이 넷이나 있었습니다. 그때 건물 아래로부터 스님을 찾는 대만 비구니의 음성이 들려왔습니다.

"운호스님, 운호스님…."

"저 여기 있어요. 잘 가요."

서로가 인사를 하며 헤어지는 순간 운호스님은 꿈에서 깨어났고, 백일기도 또한 마쳤습니다.

그런데 참으로 신통한 변화가 일어났습니다. 기도 전까지는 경전을 보고 있으면 내용이 분명히 다가오지 않았으나, 기도 후부터는 내용이 너무나 명확하게 이해가 되는 것이었습니다.

예를 들면, 기도 후 스님은 아미타불의 정토신앙을 믿기 시작하였는데, 『아미타경』등을 읽으면 삽화가 그려져 있는 동화책을 보듯이 극락세계의 여러 모습들이 그대로 펼쳐져 보이는 것이었습니다. 그러므로 경전의 내용이 저절로 이해가 되지 않을 수 없었습니다.

그야말로 총명득력聰明得力, 총명의 능력을 얻은 것입니다. 그리고 그토록 잔병치레를 많이 하였던 몸도 그 누구보다 건강해졌습니다. 이후 스님은 '인도로 가야겠다'는 생각이 불현듯이 일어나 인도로 떠났고, 그곳에서 도력이 매우 높은 티벳의 고승들을 만나 그 분들의 지도 아래 용맹정진을 하고, 귀국하여 지금은 열심히 포교에 임하고 있습니다.

스님의 원래 기도 목적은 업장소멸에 있었고, 처음에는 21일 동안만 기도를 하고자 하였습니다. 그런데 기도를 시작하자 생각하지도 않았던 조상들이 나타났고, 이에 스님은 영가천도를 해주고자 하였습니다.

영가들이 지장보살님의 가피를 입어 좋은 세상으로 나아가는 것을 관상觀想하면서 시식을 행한 결과, 많은 영가들이 가피를 입어 삼칠일(21일)만에 모두 천도가 되었습니다.

신심이 크게 일어난 스님은 21일 기도를 백일기도로 연장하여 더욱 열심히 매진한 결과, 꿈에서 사미니계와 비구니계를 받는 자서수계를 성취하였으며, 몸으로 지은 죄업인 신업身業이 소멸되는 꿈과 입으로 지은 죄업인 구업口業이 소멸되는 가피를 입었습니다. '앞으로는 삿된 생각만 조심하면 된다'는 말씀과 함께….

이렇게 신업과 구업이 소멸되자 스님에게는 건강과 총명이 가득하여졌고, 공부를 잘할 수 있는 길도 저절로 열렸던 것입니다.

곧, 백일지장기도를 통하여 영가천도 · 업장소멸 · 자서수계 · 총명득력 · 건강 및 새로운 스승을 만나 향상의 경지로 나아가는 가피까지도 모두 얻은 것입니다.

구체적인 기도방법

　사람이면 누구나 건강하고 행복하고 뜻하는 바를 이루며 살기를 바라지 않는 이가 없습니다. 그런데도 우리의 삶은 우리의 바램처럼 되지 않습니다. 타고난 업보와 뜻하지 않은 장애들이 수시로 찾아들어 앞길을 막는 것입니다.
　이 장애들이 없어지지 않는 이상에는 뜻하는 바대로 살기가 어려울 뿐 아니라, 행복도 향상의 삶도 쉽게 이루어지지 않습니다.
　정녕 우리가 뜻하는 바를 이루어 행복하게 살고, 공부를 잘 하여 향상의 길로 나아가기를 원한다면, 앞의 비구니 스님이 행한 바와 같은 방법으로 한차례의 백일기도를 하는 것이 바람직합니다.

큰스님들께서는 종종 말씀하십니다.

"이 세상의 장애는 크게 두 종류로 나눌 수 있다. 그 첫째는 업장이요, 둘째는 영가의 장애이다."

뜻대로 이루어지지도 않고 시련이 끊이지 않는 까닭이 업장과 영가의 장애 때문이라는 가르침이십니다. 그런데 앞의 예와 같은 지장기도를 행하여 영가천도와 업장소멸을 한꺼번에 이루게 되면, 뜻하는 바대로 살기가 그렇게 어려운 일만은 아닙니다.

종합적인 지장기도법을 논함에 있어 운호스님의 이야기를 이토록 길게 늘어 놓았던 까닭도 다름이 아닙니다. 스님의 기도법이 평소에 정형화시키고 싶었던 지장기도법과 너무나 꼭 같았기 때문입니다.

특히 큰 일을 이루고자 하는 이나 사업을 시작하는 이, 결혼, 시험공부, 자식의 일, 삶의 대전환을 가져보고자 하는 이들에게는 이 종합적인 지장기도법에 따라 백일기도부터 할 것을 간곡히 권하여 봅니다. 한번 해 보십시오. 틀림없이 좋은 결실을 맺을 것입니다.

그 방법을 다시 한번 새겨봅시다.

① 『지장경』을 처음부터 끝까지 1번 독송.

② '나무지장보살'을 1천 번 염함.
③ 〈지장보살예찬문〉을 외우며 158배를 함.
④ 158배를 끝내고 '지장보살'을 1천 번 염함.

그럼 어떻게 하여야 가장 효과적으로 기도를 할 수 있는가? 이들 각각에 대한 방법을 자세히 살펴보도록 합시다.

1) 『지장경』을 읽을 때

① 먼저 3배를 올리고 『지장경』을 펼친 다음 축원부터 세 번 하여야 합니다.

"이 경을 읽는 공덕을 선망조상과 유주무주 영가의 천도, 그리고 일체중생의 행복을 위해 바칩니다. 대원본존 지장보살님이시여, 가피를 내리시어 이 죄업중생의 업장을 녹여주시옵고, …가 꼭 성취되게 하옵소서." (3번)

꼭 이렇게 축원을 하라는 것은 아닙니다. 각자의 원

願에 맞게 적당한 축원문을 만들어 발원을 하면 됩니다. 다만 그 공덕을 '나'와 내 주위에만 임하게 하기보다는, 영가와 일체중생에게 먼저 돌린 다음에 나와 내 주위에 가피를 내려주십사 하고 청하라는 것입니다.

② 『지장경』을 읽을 때 한문해독능력이 뛰어난 이라면 한자음으로 읽는 것이 좋지만, 한문해독능력이 충분하지 못한 이는 뜻을 한글로 풀어놓은 번역본을 읽는 것이 좋습니다. 왜냐하면 읽는 내가 내용을 이해하지 못하고 글자만 읽게 되면, 감동이 없을 뿐 아니라 공덕 또한 크게 떨어지기 때문입니다.

특히 영가는 우리의 말소리를 듣는 것이 아니라 생각을 읽는 존재이기 때문에, 읽는 사람이 그 내용을 이해하지 못하면 영가도 알아듣지 못하게 됩니다. 따라서 『지장경』을 읽을 때는 반드시 '나' 스스로에게, 또 영가에게 들려준다는 자세로 정성껏 읽어야 합니다.

절대로 '그냥 한 편을 읽기만 하면 된다'는 자세로 뜻모르고 읽어서는 안 됩니다. 스스로 뜻을 새기고 이해를 하며 읽는 것이 무엇보다 중요하다는 것을 꼭 명심하기 바랍니다.

③『지장경』을 읽다가 특별히 마음에 와 닿는 구절이 있거나, 이해가 잘 되지 않는 부분이 있으면 다시 한번 읽으며 사색에 잠기는 것이 좋습니다. 독경을 한다고 하여 처음부터 끝까지 좔좔좔 시냇물 흘러가듯 읽어내려가야 할 필요는 없습니다. 왜냐하면 독경보다는 간경看經이 훨씬 더 수승한 공덕을 나타내기 때문입니다.

간경. 간경은 경전을 눈으로 보고 입으로 읽는 것을 넘어서서 마음으로 보고 마음으로 느끼며 읽는 것입니다. 경전의 내용이 '나'의 마음 속에 또렷이 살아있도록 하는 것, 경전의 내용을 '나'의 것으로 만드는 것이 간경인 것입니다.

이렇게 간경을 하면 『지장경』의 내용이 그대로 '나'의 것이 되고, 감동 속에서 읽으면 '나'는 차츰 지장보살님과 닮아가게 되며, 그 닮음 속에서 천도와 업장참회는 물론이요 무량공덕이 생겨나게 됩니다. 거듭거듭 당부드리오니, 결코 『지장경』을 형식적으로 읽지 말기 바랍니다.

④『지장경』을 다 읽은 다음에도 그 공덕을 회향하는 축원을 세 번 하여야 합니다.

"이 경을 읽은 공덕을 ○○(본관) ○씨 집안 선망조상과 유주무주 영가의 천도, 그리고 법계 일체 중생의 행복에 회향하옵니다. 그리고 저희가 지은 업장이 소멸되고 위없는 깨달음을 이루어지이다." (3번)

꼭 『지장경』을 읽은 공덕을 회향하여 마음밭에 새로운 씨를 심어야 합니다.

2) '나무지장보살' 1천 번 염송

① 두 번째로 '나무지장보살'을 천 번 염송할 때는 그냥 '지장보살'이라고 염하는 것이 아니라, 반드시 귀의한다는 뜻의 '나무'를 붙여 '나무지장보살'이라고 불러야 합니다. 그리고 108염주를 이용하기보다는, 계수기나 1000알을 꿰어서 만든 천주千珠를 이용하여 한 알에 한 번씩 '나무지장보살'을 염하는 것이 효과적입니다. 자세는 꼭 무릎 꿇고 앉지 않아도 되며, 반가부좌를 하는 것이 무난합니다.

② 입으로 '나무지장보살'을 부르되 너무 급하거나

느리게 부르지 말고, 적당한 속도로 또렷하게 마음에 새기며 부르고, 부르는 염불 소리를 내 귀로 들어야 합니다. 그때 소리를 크게 낼 필요는 없습니다. 환경에 따라 주위에 방해가 되지 않고 '나'의 마음을 잘 모을 수 있는 크기로 염하면 됩니다.

③ 이때 머리로는 지장보살님의 모습을 떠올리는 것이 좋습니다. 지장보살님께서 높은 곳으로부터 '나'와 나의 주위에 자비광명을 비추어 주는 것을 관상하면서 염불을 하라는 것입니다.

만일 자식·부모 등 다른 사람을 위해 기도를 드리는 경우라면, '나'가 아닌 그 당사자에게 지장보살님의 자비광명이 임하는 듯이 관상하여야 합니다. 지장보살님의 가피가 그 당사자에게 직접 가면 바로 해결될 수 있는데, 가피가 '나'에게 왔다가 그 당사자에게로 옮겨가도록 하면 그만큼 늦어질 뿐 아니라, 자칫 가피가 미치지 못하게 되기 때문입니다.

④ 그리고 염불을 할 때 마음 속으로는 오로지 업장참회를 기원하여야 합니다.

"지장보살님, 잘못했습니다. 진심으로 모든 잘못을 참회합니다…."

이렇게 끊임없이 참회하고 또 무조건 참회하여야 합니다.

그런데 업장소멸을 바라며 기도하는 불자들 가운데에는 '업장을 소멸시켜 주십시오' 하면서 기도하는 이들이 생각 외로 많습니다. 그러나 이렇게 '소멸시켜 달라'며 기도하기보다는 '잘못했다'고 하여야 합니다.

'잘못했다'고 하는 것은 주체적인 참회요, '소멸시켜 달라'고 하는 것은 매달리는 참회입니다. 잘못은 내가 저질러 놓고 잘못을 소멸시켜 달라는 것은 모순일 뿐입니다. '잘못했다'고 참회하면 업장이 저절로 녹아내리지만, '시켜달라'고 요구하면 언제까지나 매달리는 존재로 남아있을 수밖에 없으며, 그 결과는 하늘과 땅 차이입니다.

알게 모르게 지은 죄업을 간절히 '잘못했습니다' 하면서 참회할 때 내 마음 속의 그릇된 응어리가 녹아내리고, 마음 속의 응어리가 녹아내릴 때 그 잘못을 용서하지 않을 존재는 없습니다. '잘못했습니다' '진심으로 참회합니다'고 할 때 모든 업장이 녹아내리는 것입니다.

이상과 같이 입으로 '나무지장보살'을 부르고, 머리로 지장보살님의 자비광명이 임하는 것을 그리고, 마음속으로 진심어린 참회를 하게 되면 모든 죄업들이 티끌로 화하고 행복이 충만하게 되는 것입니다.

⑤ 물론 1천 번의 '나무지장보살' 염불을 끝내고 나서 다시 회향하고 축원하는 것을 잊어서는 안 됩니다.

3) 〈지장보살예찬문〉을 외우며 158배

〈지장보살예찬문〉은 간단한 찬탄의 글과 함께 불보살님의 명호와 권능에 따른 여러 지장보살의 이름을 외우며 158배의 지심귀명례를 올리는 것으로 되어있습니다.

이 〈지장보살예찬문〉은 크게 서론에 해당하는 서분 序分, 본론에 해당하는 정종분 正宗分, 공덕을 회향하는 회향발원 廻向發願의 세 부분으로 구성되어 있으며, 정종분은 다시 10단락으로 나눌 수 있습니다. 이 순서에 따라 내용과 예찬의 방법 등을 함께 살펴봅시다.

서분 : 향 하나를 피우며 부처님의 강림을 기원하는 간단한 게송으로 시작됩니다. 무릎을 꿇고 앉아 이 게송을 외운 다음 '지심귀명례 시방법계 상주삼보至心歸命禮 十方法界 常住三寶'를 염하며 삼보에 귀의하는 첫번째 절을 올립니다. 다시 무릎을 꿇고 합장하여 '나무 지장왕보살마하살'을 세 번 부른 다음, 지장보살님의 공덕을 찬탄하는 다소 긴 게송을 외웁니다.

정종분 : 이 정종분은 '지심귀명례'와 불보살의 명호를 외우며 157배를 올리는 예찬문의 핵심부분으로, 그 구성을 크게 불·법·승 삼보의 세 단락으로 나눌 수 있고, 세분하면 10단락으로 나눌 수 있습니다. 여기에서는 10단락으로 나누어 살펴보고자 합니다.

① **'지심귀명례 본사석가모니불 ~ 지심귀명례 청정연화목불'(6번 예배)**

이 첫번째 단락에서는 여섯 번의 지심귀명례를 합니다. 이 사바세계의 근본 스승이신 석가모니불을 비롯하여 아미타불, 그리고 지장보살님의 전생담과 관련하여 『지장경』에 등장하는 네 분 부처님 등, 모두 여섯 부처님께 절을 올리는 것입니다. 이때 '지심귀명례'를 외우며 몸을 일으키고, 불보살님의 명호를 외울 때 엎드려 머리를 조아리면 됩니다.

② '지심귀명례 무변신불 ~ 지심귀명례 진시방삼세 일체제불'(21번 예배)

제2단락에서는 '지심귀명례'를 올리며 21분의 부처님 명호를 외웁니다. 이 가운데 19분은 『지장경』 제9 칭불명호품에 등장하는 부처님들의 명호로서, 중생에게 한량없는 공덕과 이익을 안겨준다고 합니다. 그리고 19분 부처님 다음의 '지심귀명례 오십삼불'은 우리가 살고 있는 현세의 현겁賢劫에서 참회를 관장하는 53분의 부처님을 한데 묶어 예배를 드리는 것이요, 마지막 '진시방삼세일체제불'은 시방삼세의 부처님 모두에게 예배를 드리는 것입니다.

③ '지심귀명례 지장경 ~ 지심귀명례 진시방삼세일체존법'(4번 예배)

이 세번째 단락은 법보法寶에 대한 지심귀명례입니다. 지장신앙의 근본경전인 『지장경』·『지장십륜경』·『

점찰선악업보경』의 세 경전과 시방삼세에 가득한 모든 진리에 대해 예배를 올리는 것입니다.

④ '지심귀명례 입능발지정 지장보살 ~ 지심귀명례 입해전광정 지장보살'(20번 예배)

제4단락부터 제10단락까지는 지장보살에 대한 지심귀명례입니다.

이 네번째 단락은 지장보살님께서 모든 중생을 구제하고 성숙시키기 위해 새벽마다 드는 20가지의 선정삼매 하나하나를 찬탄하여 예배를 올리는 것입니다. 가령 '지심귀명례 입능발지정入能發智定 지장보살'은 '능히 지혜를 발하는 선정에 드신 지장보살께 지심으로 귀명례하옵니다' 라는 뜻이 됩니다.

⑤ '지심귀명례 이제정력제도병겁 지장보살 ~ 지심귀명례 이제정력제기근겁 지장보살'(3번 예배)

제5단락은 중생에게 닥치는 큰 재앙인 도병刀兵과 질병疾病과 기근饑饉, 곧 전쟁과 병과 굶주림에 대한 재앙을 남김없이 없애주시는 지장보살의 위신력에 대한 지심귀명례입니다.

⑥ '지심귀명례 현불타신 지장보살 ~ 지심귀명례 현지옥제유정신 지장보살' (27번 예배)

　지장보살님께서 부처님의 몸으로부터 각종 천신·남녀, 심지어는 염라대왕과 지옥졸의 모습에 이르기까지, 중생을 구제하기 위해 나타내는 27가지 변화신變化身에 대해 한 배 한 배 절을 올리는 것입니다.

⑦ '지심귀명례 증장사중수명 지장보살 ~ 지심귀명례 증장사중육도피안묘행 지장보살' (22번 예배)

　제7단락은 『지장십륜경』에서 석가모니부처님께 비구·비구니·우바새·우바이의 4부대중에게 갖가지 이익을 증장시켜주겠다고 맹세한 지장보살의 증장서원增長誓願을 외우며 22번의 예배를 드리도록 되어 있습니다. 이 서원은 수명·무병·자비·지혜·광명·방편 등의 좋은 것들로 가득 채워져 있습니다.

⑧ '지심귀명례 영리우고희구만족 지장보살 ~ 지심귀명례 영리우고만족다문 지장보살' (15번 예배)

　이 부분은 부처님께서 지장보살의 공덕을 찬탄한 『지장십륜경』의 내용을 요약하여 예배토록 한 것입니다.

곧 지장보살님께서 중생의 어떠한 문제와 고통을 해소시켜 주고 어떠한 소원을 충족시켜 주는가를 한배 한배의 절 속에다 담아 놓은 것입니다.

지장보살님께 '지심귀명례'를 올리는 제4에서 제9단락 가운데 제8단락까지는 『지장십륜경』의 내용을 요약하여 예찬문을 만든 것임을 참고로 밝혀둡니다.

⑨ '지심귀명례 우살생자설숙앙단명보 지장보살 ~ 지심귀명례 백천방편교화중생 지장보살' (23번 예배)

이 단락은 『지장경』 제14 염부중생업감품의 내용을 요약한 것입니다. 살생·절도·사음 등의 지은 죄에 따라 단명·빈궁·투쟁 등의 과보를 받게 된다는 것을 마음에 새기면서 지장보살님께 22번의 지심귀명례를 올립니다. 그리고 마지막으로 중생을 교화하기 위해 백천 가지 방편을 나타내는 지장보살님께 예배를 올리는 것입니다.

이상의 제4~제9단락까지의 지장보살에 대한 지심귀명례는 총 110번이 되며, 이로써 지장보살에 대한 예배는 일단락됩니다.

⑩ '지심귀명례 문수사리보살 ~ 지심귀명례 진시방삼세일체현성승' (16번 예배)

　제10단락은 지장보살을 제외한 기타 승보에 대한 지심귀명례입니다. 곧 문수·보현·관음을 비롯한 열 세 분의 보살과 시방삼세의 모든 보살, 지장보살의 협시인 도명존자道明尊者, 그리고 현인과 성인의 경지에 오른 시방삼세의 모든 현성승賢聖僧께 지심귀명례를 올리는 것입니다.

　회향발원 : 이상으로 157배의 지심귀명례를 끝내고, 그 공덕을 회향하는 게송을 읊습니다.

　　예배하온 큰 공덕과 뛰어난 행의
　　가이없고 수승한 복 회향합니다
　　원하오니 고에 빠진 모든 유정들
　　어서 빨리 극락왕생 하여지이다

　그리고 마지막으로 '**나무대자대비 대원본존 지장보살**'을 세 번 외우고 끝을 맺습니다.

지장신앙의 뿌리에서부터 시작하여 지장보살의 서원과 권능 등을 남김없이 담은 이 예찬문을 읽으며 절을 할진대, 어찌 업장이 녹아내리지 않을 것이며 어찌 소원이 이루어지지 않겠습니까? 오로지 정성을 다해, 그야말로 '지심귀명례'를 올릴 것을 당부드립니다.

4) '지장보살'염불 1천 번

종합적인 지장기도법 중 마지막으로 하는 1천 번의 '지장보살' 염불 때에는, 앞의 '나무지장보살'을 외울 때처럼 천천히 외우기보다는 마음을 집중하여 빨리 외우는 것이 좋습니다. '나무'를 빼고 '지장보살' 네 글자만 외우되, 한 손에 계수기나 천주를 쥐고, 들숨과 날숨을 가릴 것 없이 끊임없이 외어야 합니다. 그야말로 지장보살과 내가 하나 되도록 간절히 염하라는 것입니다.

이렇게 천 번의 빠른 '지장보살' 염불 후 순간적인 고요가 찾아들 때, 다시금 머리 조아리며 간절히 발원을 하고 회향을 하면 기도가 끝납니다. 부디 여러 가지 장애가 있거나 새로운 일을 시작하고자 할 때 이 종합적인 지장기도법에 따라 한차례 백일 기도를 하여, 새로운 삶의 초석을 다지기를 염원해 봅니다.

> ※ 초판에서 이 기도법을 소개하자 많은 불자들이 '종합적인 지장기도'를 행하였고, 원성취를 한 분 또한 매우 많았습니다.
>
> 그런데 한 가지 기억할 점이 있습니다. 이 기도를 시작하면 처음에는 약간 좋지 않은 듯한 꿈을 꾸는 경우가 있는데, 며칠 더 지나면 점점 더 좋은 꿈을 꾸게 된다는 공통점을 보이고 있습니다.
>
> 그러므로 처음 좋지 않은 꿈을 꾸었더라도 기도를 포기하지 마십시오. 오히려 '기도의 반응이 있구나' 하면서 열심히 기도하시기를 당부드립니다.

이상으로 '지장신앙·지장기도법'에 관한 글을 끝맺음하면서 절대로 잊지 말기를 바라는 한 가지 사항을 당부드리고자 합니다.

그것은 지장보살님의 위신력과 자비광명이 이 법계에 가득 차 있으며, 우리가 함께하고자 할 때 지장보살님 또한 우리와 언제나 함께한다는 것입니다. 더 분명히 이야기하면, 지장보살님은 우리 속에 이미 계십니다.

이것을 분명히 알고 지장보살을 염할 때, 우리는 지장보살님의 분신이 되고 지장보살님과 같은 큰 힘을 지닐 수 있게 됩니다. 어찌 고통 극복이나 조그마한 소원성취로 그치겠습니까?

정녕 '나' 속의 지장보살은 대자비와 대지혜와 대행복의 원천이니, 정성을 다해 『지장경』을 읽고 예배하고 지장보살을 염하면서 '나' 속의 지장보살을 발현시켜 보십시오. 틀림없이 우리 속에 감추어져 있던 불성佛性이 개발되어 대해탈의 삶을 누리게 될 것입니다.

나무대원본존지장보살마하살.

기도 및 영가천도의 지침서

광명진언 기도법
일타스님 · 김현준 / 신국판 / 176쪽 / 값 5,000원

광명진언 기도를 널리 펴고자 일타스님과 김현준 원장이 함께 저술한 책. 광명진언 속에 새겨진 참의미와 바른 기도법, 빠른 기도성취법 등을 자상하게 설하고, 유형별 기도성취 영험담을 다양하게 수록하였으며, 누구나 보기 쉽도록 큰활자로 발간하였습니다. 광명진언을 외우면 행복과 평화, 영가천도, 소원성취를 이룰 수 있습니다.

영가천도
우룡스님 / 신국판 / 160쪽 / 값 5,000원

영가의 장애를 느끼십니까? 돌아가신 영가를 영가를 제대로 천도해 드리지 못했습니까? 영가천도의 필요성과 기본자세, 염불 · 독경 · 사경을 통한 영가천도, 49재, 낙태아 천도 등 영가천도에 관한 궁금증 및 천도의 방법을 우룡스님의 자세한 법문으로 풀어드립니다.

생활 속의 기도법
일타스님 / 신국판 / 160쪽 / 값 5,000원

불교계 최대의 베스트셀러! 일상생활에서 누구나 처할 수 있는 여러 가지 상황에 따른 구체적인 기도방법에서부터 특별기도성취법 · 영가천도기도법 · 기도할 때 지녀야 할 마음가짐까지, 자상한 문체로 예화를 섞어 쉽고 재미있게 엮었습니다.

기도
일타스님 / 신국판 / 240쪽 / 값 7,000원

총 6장 52편의 다양한 기도 영험담으로 엮어진 이 책을 읽다보면 기도를 통해 틀림없이 부처님의 가피를 입을 수 있음을 확신할 수 있게 되고, 올바른 기도법과 함께 기도성취의 지름길을 알 수 있게 됩니다.

관음신앙 · 관음기도법
김현준 / 신국판 / 240쪽 / 값 7,000원

관음신앙의 뿌리에서부터 관세음보살의 구원능력, 주요경전속의 관음관, 성관음 · 11면관음 · 천수관음 · 32응신 · 33관음 등 자비관음의 여러가지 모습, 일심칭명 일념염불의 관음기도법, 독경사경 기도법, 다라니 염송 기도법 등 관음신앙과 관음기도법에 대한 것이 자세하고도 알기 쉽게 풀이되어 있습니다.

미타신앙 · 미타기도법
김현준 / 신국판 / 160쪽 / 값 5,000원

아미타불의 참 모습에서부터 극락에서 누리는 행복, 칭명염불 · 오회염불 · 관상염불 · 천도염불 등의 각종 염불수행법을 자세히 밝히고 있습니다. 불교신앙의 결정판으로, 불자라면 꼭 1독해야 할 책입니다.

신묘장구대다라니 기도법 우룡스님·김현준 / 신국판 / 208쪽 / 값 6,000원

신묘장구대다라니를 외우면 생겨나는 가피와 공덕, 기도의 방법과 주의할 점, 우룡스님이 들려주는 14편의 영험담, 대다라니의 근본경전인 『무애대비심다라니경』을 수록하고 있는 이 책을 읽고 자신있게 기도하면 심중 소원의 성취와 기적같은 체험도 할 수 있습니다.

불교의 자녀사랑 기도법 김현준 / 신국판 / 160쪽 / 값 5,000원

가장 가깝고 가장 사랑하는 가족들이 정말 잘 사랑할 수 있는 방법을 부처님의 가르침에 의지하여 정립하고 생활화한 책입니다. 특히 이 책 속의 기도법은 가족 모두의 향상과 원성취를 이루게 하는 묘법이라 아니할 수 없습니다.

기도성취 백팔문답 김현준 / 신국판 / 240쪽 / 값 7,000원

기도에 대한 정의·기도와 믿음·기도를 방해하는 번뇌망상·업장소멸·꾸준한 기도의 효험·원을 세우는 법·축원법·각종 기도가피·기도성취의 시기·성취를 위한 하심법 등 기도에 관한 여러 궁금증들을 원리에 입각하여 풀이하였습니다.

참회와 사랑의 기도법 김현준 / 신국판 / 192쪽 / 값 6,000원

총 84가지 문답을 통하여 참회의 정의에서부터 참회기도를 해야하는 까닭, 절을 통한 참회법·염불참회법·주력참회법·가족을 향한 참회법, 기도 축원의 구체적인 내용 및 자비의 기도가 갖는 효과, '백중과 영가천도' 등에 대해 아주 상세하게 설명하고 있습니다.

참회·참회기도법 김현준 / 신국판 / 160쪽 / 값 5,000원

참회의 참된 의미와 여러 가지 참회 기도법, 참회 영험담 등을 상세하게 담았습니다. 곧 '나'의 참된 행복을 위하여 맺힌 것을 풀고 푼 것을 더욱 원만하게 이끌어가는 묘법인 참회를 통하여 행복하고 자유로운 삶을 사는 방법을 열어주고 있습니다.

범망경 보살계(신간) 일타스님 강설 / 신국판 / 508쪽 / 값 15,000원

일타큰스님께서 1992년에 펴낸 『범망경보살계』 5권 속의 진수만을 모아 1권으로 재발간한 책. 십중계와 48경계로 이루어진 『범망경 보살계』 속에는 불자들이 생각하는 법, 말하는 법, 행동하는 법과 대승불자들이 어떻게, 무엇을 위하여 살아야 하는지가 낱낱이 담겨 있습니다. 이 보살계를 일타스님의 명쾌하고 간절한 풀이로 접하여 보십시오. 어둔 밤에 밝은 등불을 만난 것과 같고 가난한 이가 보배를 얻은 것과 같고 병든 이가 쾌차함을 얻음과 같은 환희를 누릴 수 있게 됩니다.

읽을수록 신심을 북돋우는 책

석가 우리들의 부처님   김현준 / 신국판 / 240쪽 / 값 7,000원
부처님의 탄생에서부터 출가·수행·성도, 중생교화의 삶과 법문들, 장엄한 열반에 이르기까지 구구절절이 가슴에 닿도록 쓴 이 책을 읽다보면 참 불자의 길과 삶은 저절로 나의 것이 될 것입니다.

육조단경   김현준 / 신국판 / 240쪽 / 값 7,000원
육조 혜능대사께서 설법하신 선종의 가장 중요한 책. 육조단경은 인간의 참된 본성을 보게 하여 마음을 치유하고 깊은 깨달음을 열어 줍니다. 늘 옆에 두고 정독하면 영성이 깨어나고 대자유인이 될 수 있습니다.

선가구감   서산대사 저·용담스님 역주 / 신국판 / 240쪽 / 값 7,000원
조선시대 모든 수행인의 교과서 역할을 하였으며, 선수행 뿐 아니라 참회·염불·육바라밀 등 불교의 요긴한 가르침을 일목요연하게 정리하여 불자들의 신심과 정진에 큰 도움을 주는 소중한 책입니다.

선수행의 길잡이   일타큰스님·김현준 / 신국판 / 224쪽 / 값 7,000원
'참선이란', '좌선법', '참선을 잘 하는 법', '참선 장애의 극복' 등 참선하는 이들이 꼭 알고 닦아야 할 사항들을 이해하기 쉽게 설한 책.

법공양문   일타큰스님 / 신국판 / 288쪽 / 값 8,000원
부처님과 역대 스님들의 감명 깊고 배움 깊은 총 45편의 법문을 엄선하여, 명확하게 번역한 책으로, 늘 옆에 두고 읽으면 좋습니다.

사찰 그 속에 깃든 의미   김현준 / 신국판 / 320쪽 / 값 9,000원
사찰 초입의 일주문·천왕문·불이문, 사물(四物)·석등·탑, 대웅전·극락전을 비롯한 각종 법당 등에 담겨진 의미와 구조·변천 등을 깊이 있게 다루어 불교예술과 사찰에 대한 새로운 시각을 열어줍니다.

바보가 되거라(경봉큰스님 일대기)   김현준 / 220쪽 / 값 6,000원
예리한 지혜의 눈과 깊은 자비심으로 중생의 자유로운 삶을 일깨웠던 경봉큰스님! 이 책을 펼쳐들면 가장 가까운 곳에서 우리를 살아 움직이게 하는 이 시대 최고의 진솔한 대도인을 만날 수 있게 됩니다.

아! 일타큰스님   김현준 / 신국판 / 240쪽 / 값 7,000원
선과 교와 율을 두루 통달하셨던 일타큰스님의 일대기. 스님의 수행담을 읽다보면 기도·참선·경전공부의 방법까지 체득할 수 있습니다.

불자들이 꼭 알아야 할 불교교리총서

❀

불교란 무엇인가 우룡큰스님 / 국판 / 160쪽 / 값 5,000원
'불교는 해탈의 종교·해탈을 얻는 원리·무엇이 부처인가·소승과 대승불교' 등 불자들이 마음에 새기고 실천해야 할 불교의 핵심되는 가르침을 많은 예화를 곁들여 설한 책.

사성제와 팔정도 김현준 / 국판 / 240쪽 / 값 7,000원
부처님께서 중생들로 하여금 가장 빨리 깨달음과 행복의 길로 나아가도록 하기 위해 창안하신 사성제와 팔정도. 이 불교의 핵심교리에 대해 많은 이야기를 섞어 알기 쉽고 분명하게 풀이하였습니다.

삼법인 · 중도 김현준 / 국판 / 160쪽 / 값 5,000원
우리의 삶이 제행무상이요 제법무아임을 확실히 체득하게 되면 능히 열반적정을 이루게 된다는 것을 밝힌 삼법인과, 위없는 깨달음의 길인 중도란 무엇이며 중도 속의 수행과 삶 등에 대해 명확하게 해설하고 있습니다.

육바라밀 김현준 / 국판 / 192쪽 / 값 6,000원
대승불교 신행의 기본이 되는 보시·지계·인욕·정진·선정·반야의 육바라밀에 대해, 그 원리에서부터 구체적인 실천방법까지를 일상생활과 접목시켜 재미있게 서술함으로써, 깨달음 깊은 삶과 행복하고 청정한 삶의 길로 나아갈 수 있게끔 하였습니다.

인연법 김현준 / 국판 / 224쪽 / 값 7,000원
불교에서 가장 많이 쓰는 단어인 인연! 이 인연을 삶·괴로움·진리·마음씨·희망·행복·기도성취 등의 다양한 측면과 연결시켜 살펴봄으로써 우리의 삶을 한없이 윤택하게 만들어 주고 있습니다. 또한 12연기법에 대해서도 쉽게 풀이하고 있습니다.

자비 실천의 길 사섭법 김현준 / 국판 / 192쪽 / 값 6,000원
참된 평화와 행복을 안겨주는 사섭법을 교계 최초로 자세히 풀이한 이 책에서는 보시·애어·이행·동사섭이 필요한 까닭에서부터 어떻게 하여야 사섭법을 잘 실천하고 응용하고 성취할 수 있는지 등에 대해 자세히 풀이하고 있습니다.

윤회와 인과응보 이야기 일타큰스님 / 신국판 / 240쪽 / 값 7,000원
"인간은 과연 윤회하는 존재인가? 내가 지은 업은 어떻게 전개될 것인가?" 이러한 의문의 해답을 일러주고자 총 49가지 이야기로 엮은 책.

법보시를 원하시는 분은 출판사로 연락을 주십시오.
할인혜택을 드립니다. ☎ (02) 582-6612

삶의 향기를 더해주는 큰스님의 법문집

불자의 행복 찾기(신간)   우룡스님 / 신국판 / 190쪽 / 값 6,000원
우룡스님 설법의 결정판. ① 복 받기를 원하거든 ② 보시로 이루는 큰 복 ③ 아상과 무주상 ④ 행복과 기도의 총 4장으로 나누어져 있는 이 책을 읽다 보면 복 짓고 복 쌓고 복 받는 방법과 원리를 저절로 터득할 수 있게 됩니다.

도와 함께하는 행복과 성공   김현준 / 신국판 / 160쪽 / 값 5,000원
경봉큰스님께서 현대인이 가장 목말라하는 행복과 성공 성취법을 일깨워주고 열어주는 책. 행복과 성공은 무엇에서 비롯되는가, 어떤 복을 지으며 살 것인가, 육미탕-행복과 성공을 위한 처방, 나의 참생명은 도, 주인공을 찾아라, 참선수행법 등의 다양한 이야기로 우리의 영성을 일깨워주고 있습니다.

참 생명을 찾는 경봉스님 가르침   김현준 / 신국판 / 192쪽 / 값 6,000원
참 생명을 찾는 공부와 도에 대한 가르침, 인생의 실체에 대한 가르침, 참된 주인공을 찾는 방법, 부부의 도·자녀교육·자연 속에서 화합하게 사는 법, 이 사바세계를 무대로 삼아 멋있게 사는 법 등을 자상하게 설하여 모든 불자들이 쉽게 이해할 수 있도록 하였습니다.

불자의 마음가짐과 수행법   일타스님 / 신국판 / 192쪽 / 값 5,000원
불자들이 큰 행복과 대자유를 얻기 위해서는 어떠한 마음가짐으로 살아야하며, 참선·염불·간경·주력의 불교 4대 수행법을 어떻게 닦아야 하는가를 갖가지 비유를 들어 자상하게 설하고 있습니다.

부드러운말한마디 미묘한 향이로다   일타스님/신국판/240쪽/값7,000원
일타스님의 대표적인 법문집. 삶의 이유, 복된 삶 이루기, 보시와 지계, 도 닦는 법, 지혜성취 법 등의 맑고 주옥같은 법문으로 행복의 세계로 향하는 문을 열어주고 있습니다.

불자의 기본 예절   일타스님 / 신국판 / 160쪽 / 값 5,000원
불교 예절의 근본이 되는 마음가짐과 말씨, 걸음걸이와 앉음새, 합장법, 절하는 법, 법당에서의 예절, 법문 듣는 법, 목욕·입측법 등 절집안의 생활 예절을 보다 쉽게 접할 수 있도록 많은 이야기를 곁들여 재미있게 엮었습니다.

오계이야기   일타스님 / 신국판 / 160쪽 / 값 5,000원
살생·투도·사음·망어·음주의 근본 5계에 대한 법문집. 재미있는 일화를 곁들여 각 계율의 연원과 지키는 방법, 범했을 때의 과보 등을 자세히 설하였습니다. 복된 불자의 길로 나아가게 하는 불자의 필독서입니다.

자경문(자기를 돌아보는 마음)   일타스님 / 신국판 / 280쪽 / 8,000원

자기를 돌아보고 깨우쳐 가야 참된 자유와 행복이 발현된다는 것을 일깨우기 위해 지은 야운스님의 『자경문』을 일타스님께서 자상하게 풀이하였습니다. 특히 윤회하는 까닭, 참된 나를 찾는 묘법, 해탈을 이루는 비결 등과 함께 의복·음식·재물·말·행동·잠 등에 대한 지침, 벗을 사귀는 요령, 공부할 때의 마음가짐과 하심법, 자비평등심, 깨침의 원리 등을 상세히 밝혀 놓았습니다.

발심수행장(영원으로 향하는 마음)   일타스님 / 신국판 / 240쪽 / 7,000원

영원과 행복을 추구하지 않는 사람은 없다. 그러나…. 지금 여기에서 영원과 행복의 문을 여는 비결은? 일타스님은 원효대사의 『발심수행장』을 특유의 구수한 문체로 해설하여, 영원한 삶의 비결과 행복하게 사는 방법을 스스로 터득할 수 있게 해주고 있습니다.

내 갈 길을 가는 불자   보성스님 / 신국판 / 224쪽 / 값 7,000원

믿음·하심·정진의 방법, 사경법·관음기도법·신중기도법, 참 부처님을 모시고 사는 방법, 참 불자가 되는 법, 지혜롭고 자비롭게 사는 방법, 도인의 진솔한 모습 등을 명쾌하게 설하고 있습니다.

행복을 여는 부처님의 가르침   혜인스님 / 신국판 / 160쪽 / 5,000원

부모님의 은혜, 인과법과 마음씨, 신심·구업(口業)·보시·인욕 등 불자들이 행복한 삶을 여는 데 꼭 필요한 덕목들을 잘 이해하고 실천할 수 있도록 명쾌하게 설한 법문집입니다.

신심으로 여는 행복   우룡스님 / 신국판 / 192쪽 / 값 6,500원

불자 신행생활의 지침서로 믿음과 기도, 신심을 키우는 방법, 신심속에서 나타나는 가피와 성취, 윤회에 대한 믿음, 불성의 발현과 믿음, 집착을 비우는 방법, 가정과 나를 살리는 각종 실천법 등이 상세히 수록되어 있습니다.

정성 성誠이 부처입니다   우룡스님 / 신국판 / 240쪽 / 값 7,000원

'정성 성' 이 부처요, 모든 것이 부처님 하는 일. 어떻게 사는 이가 부처가 되어가는 사람인가? 대우주와 하나되는 삶, 마음 단속과 마음 열기, 마음 다스리기, 번뇌와 업장을 비우는 방법 등을 쉽고도 편안하게 엮었습니다.

불교의 수행법과 나의체험   우룡스님 / 신국판 / 160쪽 / 값 5,000원

염불 및 주력수행법, 기도를 잘하는 법, 경전공부의 방법, 참선 수행법, 수행과 업장소멸, 수행정진의 비결 등을 큰스님의 체험을 예로 들면서 쉽고 재미있게 엮었습니다. 불자의 필독서로, 공부에 큰 도움이 되는 책입니다.

기도 독송용 경전

● 우리말 경전 시리즈 ●
〈가지고 다니면서 틈틈이 읽게 되면 독송과 기도에 큰 도움이 됩니다.〉

① 금강경　　　　　우룡큰스님 역 / 국반판 / 100쪽 / 값 2,000원
'금강경을 우리말로 보급하겠다'는 원력에 의해 제작된 책.

② 부모은중경　　　김현준원장 역 / 국반판 / 100쪽 / 값 2,000원
부모님의 은혜를 느끼며 기도를 할 수 있게 엮은 책.

③ 관음경　　　　　우룡큰스님 역 / 국반판 / 100쪽 / 값 2,000원
관음경의 번역과 함께 관음기도와 염불법에 대해 자세히 설한 책.

④ 초발심자경문　　일타큰스님 역 / 국반판 / 100쪽 / 값 2,000원
신심을 굳건히 하고 수행에 대한 마음을 불러일으키게끔 하는 책.

⑤ 지장경　　　　　김현준 편역 / 국반판 / 196쪽 / 값 3,500원
편안한 번역으로 쉽게 이해할 수 있도록 하였으며, 기도법도 자세히 수록한 책.

⑥ 약사경　　　　　김현준 편역 / 국반판 / 100쪽 / 값 2,000원
한글 번역과 함께 약사기도법과 약사염불법에 대해 자세히 설한 있는 책.

법요집　　　　　　불교신행연구원 편 / 국반판 / 96쪽 / 값 2,000원
법회와 수행 시에 필요한 각종 의식문, 좋은 몇 편의 글들을 수록한 책.

선가귀감　　　　　서산대사 저·용담스님 역 / 국반판 / 160쪽 / 값 3,000원
선수행 뿐 아니라 참회 염불 육바라밀 등 불교의 요긴한 가르침을 담은 책.

한글 약사경　　　김현준 편역 / 4×6배판 / 100쪽 / 값 3,500원
아주 큰 활자로 약사경 한글 번역본을 만들었습니다. 약사경 독경 방법 및 약사염불법도 함께 실어 기도에 도움이 되도록 하였습니다.

한글 금강경　　　우룡스님 역 / 4×6배판 / 112쪽 / 값 4,000원
책 크기만큼 글씨도 크게 하고 한자 원문도 수록하였으며, 독송에 관한 법문도 첨부하였습니다. 사찰 및 가정에서의 독송용으로 매우 좋습니다.

한글 관음경　　　우룡스님 역 / 4×6배판 / 96쪽 / 값 3,500원
커다란 글씨의 관음경 해설과 함께 관음경의 원문과 독송법, 관음 염불 방법 등을 수록하여 관음경의 가르침을 쉽게 이해하도록 하였습니다.

| 법화경(독송용) | 김현준 역 / 양장본 / 4x6배판 / 576쪽 / 값 20,000원 |
| 법화경 한글사경(총 5권) | 김현준 역 / 4x6배판 / 각권 120쪽 내외
권당 값 4,000원 / 5권 총 20,000원 |

불교 최고 경전인 **법화경!** 이 경을 **독송**하고 **사경**해 보십시오.
소원성취는 물론 깨달음과 경제적인 **풍요**까지 안겨줍니다.

법화경을 독송하고 사경하면 부처님과 대우주법계의 한량 없는 가피가 저절로 찾아들어 업장소멸은 물론이요 갖가지 소원을 두루 성취할 수 있습니다. 특히 밝은 지혜를 얻고 크게 향상하게 되며 경제적인 풍요와 사업의 번창·입시등 각종 시험의 합격 및 승진이 쉬워지고 가족 모두가 평온하고 복된 삶을 누리며, 병환·재난·가난 등 현실의 괴로움이 소멸되고 부모 친척 등의 영가가 잘 천도되며 구하는 바가 뜻과 같이 이루어집니다.

자비도량참법 　김현준 역 / 양장본 /4X6배판 / 528쪽 / 값 18,000원

참되이 참회하시기를 원하십니까? 자비도량 참법 기도를 하십시오. 나의 허물과 죄업의 참회에서 시작하여 부모 스승 친척 등 육도 속을 윤회하는 온 법계 중생의 업장과 무명까지 모두 소멸시켜줍니다. 이 참법을 행하다 보면 저절로 참회의 마음이 깊어지고 자비가 충만하여지고 환희심이 넘쳐나게 됩니다.

| 큰활자본 지장경 | 김현준 편역 / 4×6배판 / 208쪽 / 값 7,000원 |
| 지장보살본원경 | 김현준 편역 / 신국판 / 208쪽 / 값 6,000원 |

이 책은 지장기도를 하는 분들을 위해 ①지장경을 처음부터 끝까지 1번 독송, ②'나무지장보살'을 천번염송, ③지장보살예찬문을 외우며 158배, ④'지장보살' 천번 염송의 4부로 나누어 특별히 만들었습니다.
지장경 독경 및 지장보살예찬과 염불을 할 때, 각 장 앞에 제시된 기도법에 따라 기도를 하게 되면, 지장보살의 가피 속에서 틀림없이 영가천도·업장소멸·소원성취·향상된 삶을 이룩할 수 있게 됩니다.
이 두 책의 내용은 같으며, 활자 및 책크기만 다릅니다.

다량의 법보시를 원하시는 분은 출판사로 연락을 주십시오.
할인혜택을 드립니다. ☎ (02) 582-6612

알기 쉬운 경전 해설서

❀

생활 속의 천수경　　김현준 / 신국판 / 280쪽 / 값 8,000원

천수관음이 출현하신 까닭, 천수관음을 청하는 법과 가피를 얻는 법, 신묘장구대다라니의 풀이와 공덕, 찬탄의 공덕과 참회성취의 비결, 준제기도 및 주요 진언 속에 깃든 의미, 여래십대발원문 사홍서원 삼귀의 의미 등을 상세히 풀이하였으며, 천수경의 기도법을 구체적으로 제시하고 있습니다.

생활 속의 금강경　　우룡스님 / 신국판 / 304쪽 / 값 8,000원

금강경의 심오한 내용을 알기 쉽게 풀이하고 일상생활과 접목시켜 강설함으로써 삶의 현장에서 금강경의 가르침을 능히 응용할 수 있도록 하였고, 감동을 주는 일화들을 많이 삽입하여 재미를 더해 주고 있습니다.

생활 속의 관음경　　우룡스님 / 신국판 / 240쪽 / 값 7,000원

관세음보살의 본질과 기도성취의 원리를 여러 가지 영험담을 삽입하여 쉽게 풀이하였습니다. 이 책을 읽으면 신심이 샘솟고, 이 책을 따라 기도하면 관음의 가피를 입어 소원을 성취하고 행복을 누릴 수 있습니다.

생활 속의 반야심경　　김현준 / 신국판 / 272쪽 / 값 8,000원

반야심경의 구절구절들을 우리의 생활과 결부시켜 참으로 쉽고 명쾌하게 해석하였습니다. 공(쏜)의 의미, 모든 괴로움의 원인과 해탈법, 색즉시공 공즉시색의 참 뜻, 걸림 없고 진실불허한 삶을 이루는 방법 등을 감동적으로 풀이하였습니다.

생활 속의 예불문 (개정판·근간)　　김현준 / 신국판

예불을 올리는 불자들이 꼭 새겨야 할 마음가짐과 가르침을 재미있고 감동적으로 엮은 오분향 예불문의 해설서. 지심귀명례를 하는 방법과 삼보의미, 석가모니불, 문수·보현·관음·지장보살, 십대제자, 16나한, 5백나한 등 여러 성현들에 대한 신앙과 세계를 담았습니다.

생활 속의 보왕삼매론　　김현준 / 신국판 / 240쪽 / 값 7,000원

이 책은 병고해탈, 고난퇴치, 마음공부와 마장극복, 일의 성취, 참 사랑의 원리, 인연 다스리기, 공덕 쌓는 법, 이익과 부귀, 억울함의 승화 등 인생살이에서 겪게 되는 문제와 장애들을 속시원하게 뚫어주고 있습니다.

보왕삼매론 사경 (1책으로 50번 사경)　　4X6배판 / 120쪽 / 값 4,000원

하루에 한번씩만이라도 사경하면 재앙이 소멸됨은 물론이요 생활 속의 걸림돌이 디딤돌로 바뀌어 좋은 일들이 많이 찾아들게 됩니다.

약사경 한글 사경 (1책으로 3번 사경)　　4X6배판 / 112쪽 / 값 4,000원

약사경을 사경하면 약사여래의 가피가 저절로 찾아들어, 병환의 쾌차, 집안 평안, 업장소멸을 비롯한 갖가지 소원을 쉽게 성취할 수 있습니다.

영험 크고 성취 빠른 각종 사경집

❁

광명진언 사경 (가로쓰기 : 1080번 사경)   4X6배판 / 128쪽 / 값 4,000원
광명진언 사경 (세로쓰기 : 1080번 사경)   4X6배판 / 128쪽 / 값 4,000원
광명진언을 써 보십시오! 눈으로 보고 입으로 외우고 손으로 쓰고 마음으로 새기는 광명진언 사경은 크나큰 성취를 안겨줍니다.

금강경 한글사경 (1책으로 3번 사경)   4X6배판 / 144쪽 / 값 5,000원
금강경 한문사경 (1책으로 3번 사경)   4X6배판 / 144쪽 / 값 5,000원
금강경 한문한글사경 (1책으로 1번 사경)   4X6배판 / 100쪽 / 값 3,500원
가장 요긴하고 으뜸된 경전인 금강경을 자꾸자꾸 사경해 보십시오. 업장소멸과 함께 크나큰 깨달음과 좋은 일들이 저절로 다가오게 됩니다.

반야심경 한글사경 (1책으로 50번 사경)   4X6배판 / 116쪽 / 값 4,000원
반야심경 한문사경 (1책으로 50번 사경)   4X6배판 / 116쪽 / 값 4,000원
반야심경을 사경하면 대우주의 호법신장이 '나'를 지켜줄 뿐 아니라, 공의 도리를 깨달아 평화롭고 안정된 삶을 영위할 수 있습니다.

신묘장구대다라니 사경 (50번 사경)   4X6배판 / 116쪽 / 값 4,000원
신묘장구대다라니를 사경하면 관세음보살님과 호법신장들이 '나'를 지켜주고 소원을 성취함과 동시에, 자비심 가득한 마음이 생겨납니다.

천수경 한글사경 (1책으로 7번 사경)   4X6배판 / 116쪽 / 값 4,000원
천수경을 사경하면 그지없이 환희롭고 신심이 우러나며, 집안의 평온과 안정된 삶이 찾아들고, 소원 성취 및 참회가 쉽게 이루어집니다.

지장경 한글사경 (1책으로 1번 사경)   4X6배판 / 144쪽 / 값 5,000원
지장경을 사경하면 영가천도 및 각종 장애가 저절로 소멸되고 심중의 소원이 성취됩니다. 백일 또는 49일 사경기도를 하면 매우 좋습니다.

아미타경 한글사경 (1책으로 7번 사경)   4X6배판 / 116쪽 / 값 4,000원
살아 생전에 아미타경을 사경하거나, 부모를 비롯한 가까운 분이 돌아가셨을 때 이 경을 쓰면 극락왕생이 참으로 가까워집니다.

관세음보살 명호사경(10,800번 쓰기)   4X6배판 / 208쪽 / 값 7,000원
지장보살 명호 사경(명호 1만번 쓰기)   4X6배판 / 208쪽 / 값 7,000원
대자대비하신 보살님의 명호를 써보십시오. '관세음보살'이나 '지장보살'의 명호를 손으로 쓰면서, 그 명호를 눈으로 보고 입으로 외우고 염불소리를 내 귀로 듣고 마음에 새기는 명호사경은 큰 성취를 안겨줍니다.